PPP模式

风口之上的公私合作实战指南

陈青松　梁冠亮　齐峰◎著

企业管理出版社
ENTERPRISE MANAGEMENT PUBLISHING HOUSE

图书在版编目（CIP）数据

PPP模式：风口之上的公私合作实战指南 / 陈青松，梁冠亮，齐峰著. —北京：企业管理出版社，2016.1

ISBN 978-7-5164-1183-4

Ⅰ.①P… Ⅱ.①陈… ②梁… ③齐… Ⅲ.①政府投资—合作—社会资本—研究 Ⅳ.①F830.59 ②F014.39

中国版本图书馆CIP数据核字（2015）第316540号

书　　名： PPP模式：风口之上的公私合作实战指南
作　　者： 陈青松　梁冠亮　齐　峰
责任编辑： 宋可力
书　　号： ISBN 978-7-5164-1183-4
出版发行： 企业管理出版社
地　　址： 北京市海淀区紫竹院南路17号　邮编：100048
网　　址： http：//www.emph.cn
电　　话： 编辑部（010）68456991　发行部（010）68701638
电子信箱： zbs@emph.cn
印　　刷： 北京京华虎彩印刷有限公司
经　　销： 新华书店
规　　格： 710mm×1000mm　1/16　13.5印张　221千字
版　　次： 2016年2月第1版　2016年2月第1次印刷
定　　价： 49.80元

前 言

PPP已站在风口上。

目前，中央高层重点推广PPP，地方政府正急切寻找新的合作模式，社会资本也在积极寻觅公共服务类的投资机会……可以说，PPP在我国一片大热。

PPP是英文Public-Private-Partnership的简称，即公私合作模式，PPP正在我国公共产品和公共服务的供给方面掀起一场新变革。

从各国和国际组织对PPP的理解看，PPP有广义和狭义之分。

广义PPP是政府与私人组织之间为合作建设城市基础设施或为提供某种公共物品和服务，以特许权协议为基础，彼此之间形成的一种伙伴式的合作关系。合作各方参与某个PPP项目时，政府与社会资本首先以协议方式明确双方责任和风险，其次明确各方在项目各个流程环节的权利和义务，以最大限度地发挥政府和社会资本各方优势，最终提高投资效益和公共服务效率。而狭义的PPP可以理解为一系列项目融资模式的总称，包含BOT、TOT、BOO等多种模式。

PPP模式在西方国家已经发展了30年。

现代PPP模式诞生于20世纪90年代的英国，英国提出PPP的概念后，继而在美国、加拿大等西方主要国家得到广泛响应，很多国家成立专门机构来推动PPP的发展并进行了成功的实践。PPP模式由此取得了长足进展。

我国近几年才从政策层面提出PPP的概念，而明确大力推广PPP则时间更短。

2014年10月24日，李克强总理主持召开国务院常务会议，要求大力创新融资方式，积极推广政府与社会资本合作（PPP）模式。

2015年全国两会，“互联网+”和“PPP”模式同时被提升到国家战略高度。

目前，我国正大力推广PPP模式，PPP模式正成为稳增长、调结构的一个焦点。在财政部大力推动下，地方政府陆续公布拟实施PPP项目名单，涵盖交通、市政、医疗、环保等多个领域，总投资近两万亿元。

PPP是在基础设施及公共服务领域建立的一种长期合作关系。通常模式是由社会资本承担设计、建设、运营、维护基础设施的大部分工作，并通过“使用者付费”及必要的“政府付费”获得合理投资回报；政府部门负责基础设施及公共服务价格和质量监管，以保证公共利益最大化。

一般认为，作为一种公共产品和公共服务的提供方式，PPP其实就是一种简单的融资手段。

笔者认为，推广PPP模式一方面是为了减轻政府财政负担，另一方面还有着更深层次的经济背景和更高的国家治理诉求。

近些年来，部分地方政府的投资项目不注重经济效益和社会效益，运营效率低下，最后成为地方财政的大包袱。在经济增长放缓的背景下，社会资本参与基础设施和公共项目建设，会减轻政府财政负担。而引入市场竞争机制和市场价值投资理念，让有技术、有经验、有资金的企业参与到项目中，有利于加快转变政府职能，实现政企分开，有助于解决政府职能错位、越位和缺位的问题，从而充分发挥政府在项目制定上的优势和社会资本在资金、技术及管理上的优势，共同提升公共产品的建设、运营效率和运营能力，推进国家治理体系和治理能力现代化。

财政部副部长张少春多次强调，“在运用PPP模式时，我们不能再简单地把思想局限在缓解债务压力上，不能把推广PPP当作又一次‘甩包袱’。而要以此为契机，切实转变思想观念，把精力放到营造良好的政策环境上，把注意力转向加强监管上。”

推广运用PPP模式，是转变政府职能、激发市场活力、打造经济新增长点的重要改革举措。毋庸置疑，PPP是一种兼具公共性与效率、效益的经济合作模式。

近年来，笔者一直在深入研究PPP模式对推动经济和社会发展的作用，以及PPP模式在推广的过程中存在着哪些优势和不足。不仅如此，笔者一直在一线实践操作PPP项目，并成功操作过多起PPP项目。

在操作PPP项目的过程中，笔者分别与地方政府、金融机构等多方主体进行了深度接触，因此，对PPP模式在我国大力推广的背景、面临的现实难题、地方政府和社会资本以及金融机构的风险、未来PPP发展的趋势等都有着较深刻的认识和体会。

本书汇集了笔者操作过的多起PPP项目案例的总结和体会，以及近年来在我国有较大影响力的成功和失败的PPP案例。同时，笔者还对PPP发展如何创新机制、PPP如何嫁接国家重点推广的“互联网+”战略、世界发达国家的PPP发展对我国的借鉴作用等提出了自己的看法。

PPP将成为今后政府性项目建设的方向性模式，必将在长期和全国范围内推广应用。本书既有关于PPP模式的宏观理论研究，也有具体的PPP项目典型案例，将具体案例融合到理论中，让读者有更深刻的理解，希望对行业人士研究、操作PPP项目具有较大的借鉴意义。

本书可以供相关政府决策部门、社会资本、金融机构等PPP模式主体以及研究、操作PPP项目的专业人士参考。

2015年10月1日

目 录

第 9 章 全球视野下的PPP

第1章

PPP在中国

PPP成为当下中国经济的一个热点。从2013年年底酝酿到2015年年初正式布局，从国务院直至各地基层财政部门均在着力发展PPP。

PPP在中国的发展历程

有关专家认为，PPP在中国的发展历史经历了五个阶段。

第一阶段为改革开放以来，外资大规模进入中国，一部分外资进入公用事业和基础设施领域。当时尚未引起国家层面的关注，国家亦无相应政策和规章。代表性的项目有广东深圳沙角B电厂BOT项目、广州白天鹅饭店和北京国际饭店等，其中深圳沙角B电厂被认为是我国真正意义上的第一个BOT项目。

第二阶段自20世纪90年代开始。以BOT为代表的PPP模式被引入中国电厂等基础设施领域，主要是外商投资特许权项目。最有名的案例为广西来宾B电厂。广西来宾B电厂为我国第一个国家正式批准的BOT试点项目，总投资额6.16亿美元，项目特许期18年。

第三阶段为2003年到2008年。特点为以国企为主导，BOT和TOT模式较为流行。这一时期产生了很多至今仍被视为经典的PPP项目，如国家体育场（鸟巢）PPP项目、北京地铁4号线PPP项目等。

第四阶段为2009年到2012年，国家出台四万亿经济刺激计划，加上地方政府对基础设施和公共服务的投资主要来源于财政收入、土地出让收入和地方融资平台融资，PPP明显弱化，甚至出现不少正在进行的PPP项目被政府终止、社会资本被迫退出的现象。

据世界银行统计，1990～2012年期间，我国共实施1065个基础设施建设PPP项目，不仅高于印度、菲律宾等发展中国家，也高于英国等发达国家。

第五阶段自2013年开始，政府宣布鼓励社会资本参与基础设施建设，重点是铁路和城市基础设施。中共十八大提出“市场在资源配置中起决定性作用”后，财政部、住建部、发改委一直在研究PPP，地方政府也开始用PPP模式引导建设项目，PPP模式再度进入活跃期。

尤其是自2014年以来，我国在推动PPP项目方面呈现速度快、力度大、范围广的特点。PPP的应用领域也从之前的高速公路等基础设施领域迅速向水处理、垃圾处理等市政建设领域拓展，现在已经覆盖到城镇化建设、医院改革、环保等领域。

党的十八届三中全会提出，允许社会资本通过特许经营等方式参与城市基础设施投资和运营。正式将PPP模式纳为重要改革事项，可以视为我国PPP再度升温的标志性起点。

从世界各国推广PPP模式经验来看，高层支持是推广PPP模式的一个非常重要的因素。

2015年全国两会，国务院总理李克强所作的政府工作报告，引发评论热潮，其中积极推广政府与社会资本合作（PPP）模式引起业内的高度关注。

李克强总理的政府工作报告中指出，大幅放宽民间投资市场准入，鼓励社会资本发起设立股权投资基金。政府采取投资补助、资本金注入、设立基金等办法，引导社会资本投入重点项目。在基础设施、公用事业等领域，积极推广政府和社会资本合作模式。

李克强总理多次在其主持的国务院常务工作会议中将PPP作为主要议题讨论，提出要大力创新融资方式，积极推广PPP模式，汇聚社会力量增加公共服务供给。这一系列表态着实让业界兴奋。

据了解，为健全PPP模式的制度体系和法律框架，更好引导各地有序推进PPP项目，政府部门出台有关PPP的指导性文件的速度明显加快，国务院和相关职能部门已经陆续出台了多份指导意见和操作指南，对加快推广PPP模式提供了政策指引。自2013年至今，国务院各部委出台有关PPP的政策达五十多个。

国家财政部PPP中心主要承担PPP工作的政策研究、咨询培训、信息统计和国际交流等职责。国家发改委与财政部还相继发布了指导意见与操作指南，分别从政策层面和实际操作上对PPP的推广予以指导。一系列政策措施的出台和组织机构的建立，将加快推动我国PPP模式走上有法可依、有章可循的快速发展之路。

2014年9月23日，财政部发布《关于推广运用政府和社会资本合作模式有关问题的通知》，其中明确指出：政府和社会资本合作模式是在基础设施及公共服务领域建立的一种长期合作关系。通常模式是由社会资本承担设计、建设、运营、维护基础设施的大部分工作，并通过“使用者付费”及必要的“政府付费”获得合理投资回报；政府部门负责基础设施及公共服务的价格和质量监管，以保证公共利益最大化。

2015年5月22日，国务院办公厅转发财政部、国家发改委、央行《关于在公共服务领域推广政府和社会资本合作模式的指导意见》。意见提出，鼓励在能源、交通运输、水利、环境保护等公共服务领域，采用政府和社会资本合作模式，吸引社会资本参与，并将推广PPP与大众创业、万众创新列为“双引擎”。

“双引擎”首次露面是在瑞士达沃斯。

2015年1月23日，李克强总理在世界经济论坛2015年年会上发表的特别致辞中提出，中国经济要行稳致远，必须全面深化改革，用好政府和市场这“两只手”，形成“双引擎”。“双引擎”一方面是增加公共产品和服务供给，另一方面是推动大众创业、万众创新。

据不完全统计，自2014年至今，国务院及部委层面共下发有关PPP的指导意见或通知已接近20个，特别是2014年底以来显著加速。

不仅如此，国家发布的PPP政策文件的内容越来越具体，可操作性越来越强。如财政部印发《关于印发政府和社会资本合作模式操作指南（试行）的通知》，对项目识别、准备、采购、执行、移交等各环节的操作流程进行了详细说明，用于指导地方规范性地开展PPP。

而随着国家相关政策文件集中出台，PPP模式进入发力期。

推广PPP模式已由文件迅速转化为实践。截至2015年5月底，全国34个省市中已有22个省份公布PPP项目推介计划，估算投资总额超过3万亿元。

表1-1 近两年各部委发布的关于政府和社会资本合作模式的文件

发布时间	发布单位	文件名称	文件内容
2013/11/12	中共中央	《中共中央关于全面深化改革若干重大问题的决议》（十八届三中全会）	提出允许社会资本通过特许经营等方式参与城市基础设施投资和运营
2014/9/23	财政部	《关于推广运用政府和社会资本合作模式有关问题的通知》【财金［2014］76号】	财政部PPP框架性、指导性文件
2014/11/16	国务院	《国务院关于创新重点领域投融资机制鼓励社会投资的指导意见》【国发［2014］60号】	对生态环保、农业和水利工程、市政基础设施、交通、能源设施等领域投融资机制（包括建立健全PPP机制）发布指导性意见

续表

发布时间	发布单位	文件名称	文件内容
2014/11/29	财政部	《政府和社会资本合作模式操作指南（试行）的通知》【财金［2014］113号】	从项目识别、项目准备、项目采购、项目执行、项目移交五个方面做具体规定；属实施性、操作性文件
2414/11/30	财政部	《关于政府和社会资本合作示范项目实施有关问题的通知》【财金［2014］112号】	发布首批30个PPP示范项目，设计城市轨道交通、污水处理、供水供暖、环境治理等多个领域
2014/12/2	发改委	《关于开展政府和社会资本合作的指导意见》【发改投资［2014］2724号】	发改委PPP框架性、指导性文件
2014/12/2	发改委	《政府和社会资本项目合作通用指南》（2014年版）	包括合同主体、合同关系、项目前期工作、收入和回报、不可抗力和法律变更、合同解除、违约处理、争议解决以及其他约定等
2014/12/30	财政部	《关于规范政府和社会资本合作合同管理工作的通知》【财金［2014］156号】	规范PPP合同管理，发布PPP项目合同指南（试行）
2014/12/31	财政部	《关于政府和社会资本合作项目政府采购管理办法的通知》【财金［2014］215号】	规范PPP项目政府采购行为，从PPP项目政府采购程序、争议处理和监督检查等方面做了规定
2014/12/31	财政部	《政府采购竞争性磋商采购方式管理暂行办法》【财金［2014］214号】	规范竞争性磋商采购方式
2015/2/13	财政部	《关于市政公用领域开展政府和社会资本合作项目推介工作的通知》【财建［2015］29号】	框架性文件，主要规定在城市供水、污水处理、垃圾处理、公共交通基础设施、公共停车场、地下公共管廊等市政公用领域开展PPP项目推介工作的目标、原则、要求、实施保障等
2015/3/10	发改委	《关于推进开发性金融支持政府和社会资本合作有关工作的通知》【财金［2015］445号】	意见性文件，与国开行等联合发文，就推进开发性金融支持PPP项目发布了指导性意见

续表

发布时间	发布单位	文件名称	文件内容
2015/4/7	财政部	《关于政府和社会资本合作项目财政承受能力论证指引的通知》【财金［2015］21号】	框架性文件，推进PPP的实施，保障项目履行，有效控制和防范财政风险，明确和规范了在PPP项目中财政承受能力论证工作流程
2015/4/9	财政部	《关于推进水污染防治领域政府和社会资本合作的实施意见》【财建［2015］90号】	财政部、环保部联合发布，对污水防治领域的PPP发布指导意见
2015/4/20	财政部	《关于在收费公路领域推广运用政府和社会资本合作模式的实施意见》【财建［2015］111号】	财政部、交通部联合发布，对收费公路领域的PPP发布指导意见
2015/4/25	发改委	《基础设施和公用事业特许经营管理办法》（2015年第25号令）	发改委、财政部等六部委联合发布官方相关领域的特许权经营
2015/5/19	国务院办公厅	《关于在公共领域推广政府和社会资本合作模式的指导意见》【国办发［2015］42号】	国务院办公厅转发财政部、发改委、人民银行文件，大力推广PPP，对平台公司参与PPP松绑
2015/6/25	财政部	《关于进一步做好政府和社会资本合作项目示范工作的通知》【财金［2015］57号】	加快推进PPP项目的实施和政策保障机制，上报第二批PPP示范项目
2015/6/30	财政部	《关于政府采购竞争性磋商采购方式管理暂行办法有关问题的补充通知》【财库［2015］124号】	深入推进政府采购制度改革和政府购买服务工作，促进实现“物有所值”的价值目标，提高政府采购效率
2015/7/10	发改委	《关于进一步鼓励和扩大社会资本投资建设铁路的实施意见》【发改基础［2015］1610号】	进一步鼓励和扩大社会资本对铁路的投资，拓宽投融资渠道，完善投资环境，合理配置资源，促进市场竞争，推动体制机制创新，促进铁路事业加快发展

续表

发布时间	发布单位	文件名称	文件内容
2015/7/29	发改委	关于印发《项目收益债券管理暂行办法》的通知【发改办财金［2015］2010号】	规范项目收益债券发行管理工作，在发行与上市、项目及收益、账户管理、信用评级及增信措施、投资者保护、信息披露、法律责任等方面做了具体规定
2015/8/3	发改委	关于加强城市停车设施建设的指导意见【发改基础［2015］1788号】	吸引社会资本、推进停车产业化是解决城市停车难问题的重要途径，也是当前改革创新、稳定经济增长的重要举措

注：资料来源于国家财政部、国家发改委、招商证券

全局规划和顶层设计

PPP涉及全方位的改革，主要与政府正在开展的全面改革密切相关。具体来说：一是政府强调法治，让市场发挥决定性作用，让市场在资源配置中发挥决定性作用；二是实现国家治理现代化，政府正转变职能，简化行政审批流程，放宽市场投资限制，释放市场活力；三是公共财政是国家治理的基础与支柱；四是促进中国城镇化的健康发展。

推广使用PPP模式是支持新型城镇化建设、改善公共服务、加快构建现代财政制度的重要工具，而不仅仅是融资工具。

财政部副部长史耀斌认为，作为一种新事物，PPP模式复杂程度较高，专业性较强，对于政府部门的能力建设提出了更高的要求。推广PPP模式，要加强顶层制度设计，避免PPP模式走偏和变异；要因地制宜，探索符合当地实际和行业特点的做法，形成符合中国国情的发展模式。

要大力推广PPP模式，需采取顶层设计，应由专门机构负责。

良好的制度体系是PPP持续健康发展的根本保障。

自2013年至今，国务院各部委出台有关PPP的政策达五十多个。各地方政府出台的PPP政策亦数以百计。

据了解，目前国家对PPP采取的顶层设计方案主要有：同时在中央和地方设立推进PPP的管理结构、修订后的《预算法》出台、财政部正在拟定《政府采购法》修正案等。①

2015年5月，国务院办公厅转发了财政部、国家发展和改革委员会、中国人民银行联合制定的《关于在公共服务领域推广政府和社会资本合作模式指导意见》。指导意见体现了国家对推广PPP的宏观思考和总体把握，以及对PPP发展各

① 中华人民共和国《政府采购法》第二条规定：“本法所称政府采购，是指各级国家机关、事业单位和团体组织，使用财政性资金采购依法制定的集中采购目录以内的或者采购限额标准以上的货物、工程和服务的行为。”

方面、各层次、各要素的统筹规划，从一定程度上说，这就是推广PPP的“全局规划”和顶层设计。

财政部是PPP模式的积极推动者。作为落实“允许社会资本通过特许经营方式参与城市基础设施投资和运营”改革措施的第一责任人，2014年5月，财政部成立PPP工作领导小组，成员单位包括金融司、经建司、条法司、预算司、国合司、国库司和PPP中心。

财政部PPP工作领导小组，承担制度建设、宣传培训、指导地方开展工作等职责。很多省（市）财政厅、财政局整合内部资源，也设立了PPP工作小组或专门处室，负责推广PPP工作。PPP政策平台、操作平台的建立，为PPP各项工作提供了坚实的组织保障。

PPP属于政府采购的范围，PPP根据政府与社会资本方订立的合同提供公共产品和服务，应遵守《预算法》《政府采购法》及《合同法》。因此，在法律和政策方面，财政部颁布了一系列PPP适用的规章制度，其中包括修订后的《预算法》。

财政部财政科研所副所长白景明认为，我国PPP模式的突出特点，就是注重顶层设计和建章立制，然后再进行操作层面的推进。

财政部副部长张少春指出，我国PPP发展进入有章可循、有据可依的新阶段。目前在推广PPP模式的过程中，做好顶层设计的“当头炮”已经打响，今后的关键在于“真刀真枪”地推进项目建设。下一阶段，各级财政部门要结合《关于在公共服务领域推广政府和社会资本合作模式的指导意见》的核心要求，着重在“快”字、在“实”字上做文章，确保《关于在公共服务领域推广政府和社会资本合作模式指导意见》（以下简称《指导意见》）各项措施落到实处，推动PPP工作实现新发展、新突破。

张少春认为，从《指导意见》的核心要求看，主要体现在以下几个方面：

《指导意见》的核心要求之一——以“建章立制”为基础，确保PPP健康可持续发展。只有先建章立制，确定好制度框架，并充分发挥制度的“激励约束”作用，才能实现健康持续发展。在公共服务领域推广PPP，只有建立完善法律法规体系，明确哪些事情可以做、由谁做、怎么做，以及如何保障各方权益，才能让各方做到“有法可依、有章可循”，尤其是增强社会资本参与的信心。

《指导意见》明确提出，要构建保障PPP持续健康发展的制度体系，通过完善法律法规框架，建立财政管理制度、多层次监督管理体系，确保公共服务“优化而不退化”、社会资本“盈利而不暴利”，从而实现各方利益的最大公约数。

《指导意见》的核心要求之二——以“规范实施”为保障，确保PPP项目“高位启动”、科学合理运行。从国际经验看，成功启动运行PPP模式，并保障其科学发展的一个关键，就是规范实施PPP项目。在启动阶段，我们只有“高层次、高水平”启动，才能做出真正的PPP项目，如果“一上来路子就不对”，就不可能有成功的案例。

《指导意见》明确提出，要规范推进PPP项目实施，并在提高项目决策科学性，择优选择项目合作伙伴，合理确定双方的权利和义务等方面，提出了明确要求，以确保形成一批可复制、可推广、“真正的PPP”示范案例。

《指导意见》的核心要求之三——以“政策扶持”为支撑，发挥政府“扶上马、送一程”的引导作用。一般来说，社会资本参与公共服务领域的PPP项目，很难获得理想的收益，需要政府通过财政补贴、税收优惠等方式，给予一定的政策支持。从国外的做法看，无论是英国、澳大利亚等发达国家，还是土耳其等发展中国家，为推广PPP模式，尤其是在发展初期，政府都出台了相应的扶持政策。

《指导意见》明确提出，要在完善财税支持政策、保障项目用地、简化审核流程等方面，出台相应的政策保障措施。

《指导意见》的核心要求之四——以“财政主导”为要求，发挥财政部门的“主力军”作用。PPP从明确投入方式、选择合作伙伴、确定运营补贴，再到提供公共服务，全过程涉及预算管理、政府采购、资产管理、支出绩效评价等财政职能，财政部门牵头做好PPP工作责无旁贷。

中国PPP模式的另一个主管部门——国家发改委也在2015年5月份推出了80个鼓励社会资本参与建设营运的示范项目，范围涉及传统基础设施、信息基础设施、清洁能源、油气、煤化工、石化产业，且项目模式不局限于特许经营。

目前，英国、澳大利亚、新西兰等PPP发展较为成熟的国家，均由财政部门牵头负责PPP项目管理。

财政部负责人强调要充分利用国际资源，开展国际合作，如与亚行和世界银行就PPP合作召开会议，派遣员工至亚行开展PPP培训，访问韩国、加拿大和澳大利亚等地学习PPP经验等。

总投资近两万亿的PPP项目在启动

2015年5月26日，国家发改委公开发布了1043个PPP项目，总投资约为1.97万亿元。国家发改委将鼓励各类社会资本通过特许经营、政府购买服务、股权合作等多种方式参与建设及运营。

笔者注意到，本次发布的PPP项目范围涵盖水利设施、市政设施、交通设施、公共服务、资源环境等多个领域，且所有项目都已明确项目所在地、所属行业、建设内容及规模、政府参与方式、拟采用的PPP模式、责任人及联系方式等信息，社会资本可积极联系参与。

万亿PPP项目之下，引发社会资本的高度关注。

万亿PPP项目的发布，释放出国家大力支持推广PPP项目的政策信号，既有利于相关部门和地方政府统一认识，强化政策贯彻实施的协调性，也大大增强社会资本的信心，更好地激发出社会资本的活力。

自2014年11月26日国务院印发《关于创新重点领域投融资机制鼓励社会投资的指导意见》以来，PPP模式推进效果逐步显现。

笔者在PPP项目实践操作中了解到，自2014年下半年起，各地政府积极搭建信息平台，组织专门的领导班子负责此事。而在各地的招商项目中，各类PPP项目亦赫然在列，且介绍详尽。

从已公布投资额的未签约项目中，交通设施占大头，占比为78%。社会事业占比17%，污水处理占比4%，其他则为电力工程、天然气管道、垃圾处理、水利工程等。

而从全国范围来看，各地也密集推出一大批PPP项目。部分地区的PPP项目推进得如火如荼，各地项目加速落地签约。如江苏、安徽、湖南等省份的PPP项目推进速度不断加快，一些总投资百亿甚至上千亿元的项目陆续公布和启动。

笔者统计，仅2015年5月，山东、河南、广西、云南、陕西、河北等6省就一共推出321个示范项目，总投资金额超过7667亿元。这些项目主要集中在交通设施、能源、市政工程、环保、农业和水利等基础设施建设领域：

5月12日，河北省推出投资总额达1330亿元的32个重点项目，分为市政基础设施类、公共服务设施类、交通类、园区建设类和大型基建类等5类。

5月21日，陕西省推出首批60个PPP示范项目，总投资约1536亿元，涉及交通设施、水利设施、市政设施、公共服务、生态环境等五个领域。

5月31日，云南省发改委发布消息，将推出首批99个PPP示范项目，总投资规模2812.27亿元，涉及能源、市政基础设施、农业和水利、生态环保、交通基础设施等多个领域。

6月7日，河南发布首批57个PPP项目，总投资556亿元，项目范围涵盖市政设施、交通、公共服务、水利等多个领域。同一天，广西也发布23个PPP示范项目，总投资433亿元。 2015年上半年河南省PPP意向项目库涉及333个PPP项目，投资规模4396.37亿元。其中交通类项目占据了其中1164.96亿元的投资规模，包括郑州市107辅道快速化工程、郑州航空港区道路存量BT债务置换项目等。

6月9日，山东省向社会推出首批50个PPP示范项目，总投资额超过1000亿元，涉及能源、市政工程、交通运输、水利、环境保护、农林牧渔、科技、保障性安居工程、医疗卫生、文化教育等基础设施和公共服务领域。

此前，福建、安徽、湖南、江西、四川、江苏、浙江、青海、重庆等多个省份都已经发布PPP示范项目，总投资超过万亿元。

来自广发证券的一份研究报告则表示，截至2015年5月底，全国34个省市中已有22个省份公布PPP项目推介计划，估算投资总额超过3万亿元。

2015年是PPP真正意义上的首推元年，在多个地方政府工作报告中，对此均有浓墨强调。

推动PPP示范项目建设，形成一批可复制、可推广的项目范例，是财政部推进PPP工作的主要思路和重要抓手，也可对各地推广PPP项目形成示范效应，有利于促进PPP项目落地，还能为项目融资发挥增信作用。

2014年11月30日，财政部披露首批30个PPP示范项目清单，总投资规模约1800亿元，项目集中在污水处理、轨道交通等领域。

笔者对其进行梳理后发现，从行业领域来看，30个项目集中在污水处理（9个）、轨道交通（7个）、供水（3个）、供暖（3个）领域。从入围省份来看，推进PPP非常积极的江苏省以9个入围项目居首，安徽则以4个入围项目排第二名。河北、吉林、浙江、山东等省份也有项目入围。

2015年9月29日，财政部网站公布了《关于公布第二批政府和社会资本合作示范项目的通知》（下称《通知》），确定了北京市兴延高速公路项目等206个项目作为第二批政府和社会资本合作（PPP）示范项目，总投资金额6 589亿元。

《通知》要求各项目要做好财政承受能力论证，做好地区和行业平衡，防止项目财政支出责任累计超过本地区整体财政承受能力上限，确保财政中长期可持续性。

第二批PPP示范项目覆盖北京、河北、山西、内蒙古、辽宁、吉林、黑龙江、江苏、浙江、安徽、福建、江西、山东、河南、湖北、湖南、广东、广西、海南、重庆、四川、贵州、云南、陕西、甘肃、青海、宁夏、新疆总共28个省（市、自治区）和宁波、厦门两个计划单列市。

从项目领域来看，第二批PPP示范项目主要集中在市政、水务、交通等领域。市政领域中，又多以垃圾焚烧发电、城市地下综合管廊、垃圾处理等项目为主。在水务领域中，主要集中在污水处理、河道整治、供水引水等项目。在交通领域中，项目主要集中在城市轨道和公路。

引人关注的是，第二批PPP示范项目采取了“能进能出”机制。《通知》称，财政部将组织专家对前期实施情况进行验收，重点审查示范项目是否符合PPP模式的必备特征。验收不合格的，将不再作为示范项目推广。

附件一：

表1-2 第一批PPP示范项目名单

序号	项目名称	省份	类型	行业领域
1	新能源汽车公共充电设施网络项目	天津	新建	新能源汽车
2	张家口市桥西区集中供热项目	河北	存量	供暖
3	石家庄正定新区综合管廊项目		存量	地下综合管廊
4	抚顺市三宝屯污水处理厂项目	辽宁	存量	污水处理
5	吉林市第六供水厂建设工程（一期）	吉林	存量	供水
6	国电吉林热电厂热源改造工程		存量	供暖
7	嘉定南翔污水处理厂一期工程	上海	新建	污水处理

续表

序号	项目名称	省份	类型	行业领域
8	昆山市现代有轨电车项目	江苏	新建	轨道交通
9	徐州市骆马湖水源地及原水管线项目		存量	供水
10	南京市城东污水处理厂和仙林污水处理厂项目		存量	污水处理
11	宿迁生态化工科技产业园污水处理项目		存量	污水处理
12	如皋市城市污水处理一、二期提标改造和三期扩建工程		存量	污水处理
13	南京市垃圾处理设施项目		存量	垃圾处理
14	徐州市城市轨道交通1号线一期工程项目		存量	轨道交通
15	苏州市轨道交通1号线工程项目		存量	轨道交通
16	如东县中医院整体迁建项目		存量	医疗
17	杭州市地铁5号线一期工程、6号线一期工程项目	浙江	存量	轨道交通
18	杭州—海宁城市轻轨工程项目		存量	轨道交通
19	池州市污水处理及市政排水设施购买服务	安徽	新建	污水处理
20	马鞍山市东部污水处理厂		存量	污水处理
21	安庆市城市污水处理项目		存量	污水处理
22	合肥市轨道交通2号线		存量	轨道交通
23	东山海岛县引水工程（第二水源）	福建	存量	供水
24	九江市柘林湖湖泊生态环境保护项目	江西	新建	环境综合治理
25	胶州湾海底隧道一期项目	青岛	存量	交通
26	青岛体育中心项目		存量	体育
27	湘潭经济技术开发区污水处理一期工程	湖南	新建	污水处理
28	重庆市轨道交通3号线（含一期工程、二期工程、南延伸段工程）	重庆	存量	轨道交通
29	南明河水环境综合整治二期项目	贵州	新建	环境综合治理
30	渭南市主城区城市集中供热项目	陕西	新建	供暖

附件二：

表1-3　第二批PPP示范项目名单

省市	序号	项目	领域	总投资（亿元）
北京	1	兴延高速公路	交通	143.00
	2	北京市轨道交通16号线	交通	495.00
	3	北京市轨道交通14号线	交通	445.00
	4	丰台河西有轨电车一期T1T2工程	交通	69.53
	5	通州区北运河流域（通州段）水环境治理和生态建设	水务	64.25
河北	6	承德市克什克腾旗至承德高速公路承德段	交通	274.00
	7	秦皇岛市青龙满族自治县大巫岚—冷口（秦唐界）公路工程	交通	30.62
	8	唐山市滦县赤曹线滦州至青坨营段工程	交通	24.40
	9	秦皇岛市西港搬迁改造工程	交通	404.76
	10	2016年唐山世界园艺博览会基础设施及配套	文化	33.63
	11	承德市宽城满族自治县中医院迁址新建一 期	医疗	1.20
	12	保定市唐县集中供热工程	市政	5.63
	13	涿州市热电联产供热管网	市政	32.00
	14	石家庄市国际展览中心	市政	27.50
	15	廊坊市北运河香河段生态综合整治	水务	38.84
	16	石家庄市正定新区起步区河道治理和绿化工程	水务	9.11
	17	邢台市威县“建管服一体化”智慧节水灌溉与水权交易	水务	6.52
	18	承德市中心城区给排水	水务	13.87
山西	19	太原市妇幼保健院迁建工程	医疗	12.31
	20	长治市污泥餐厨（垃圾）处置	市政	3.00
	21	太原市晋阳污水处理厂及配套管网一期工程	水务	257.78
内蒙古	22	赤峰市丹锡高速克什克腾至承德联络线克什克腾（经棚）至乌兰布统（蒙冀界）段	交通	55.89
	23	呼和浩特市轨道交通1号线、2号线一期工程	交通	350.18
	24	包头市包医国际医院	医疗	10.00

续表

省市	序号	项目	领域	总投资（亿元）
	25	呼和浩特市“塞外安康新居”、“塞外安居新城”公租房建设	市政	29.31
	26	包头市新都市区地下综合管廊	市政	18.10
	27	呼和浩特托克托县燃气利用工程	市政	2.00
	28	赤峰市三座店水利枢纽中心城区引供水工程	水务	5.37
	29	科左后旗甘旗卡镇东区污水处理工程建设	水务	1.70
	30	鄂尔多斯市哈头才当至康巴什新区供水工程	水务	16.15
辽宁	31	盘锦职业技术学院	教育	8.47
	32	盘锦市体育中心	体育	29.25
	33	盘锦市辽东湾新区海岛生态住区地下综合管廊一期	市政	15.43
	34	沈阳市地下综合管廊（南运河段）工程	市政	32.78
	35	沈阳市大辛生活垃圾焚烧发电厂新建工程	市政	14.48
	36	沈阳市大辛生活垃圾卫生填埋场渗沥液处理	市政	1.38
	37	沈阳市老虎冲生活垃圾卫生填埋场渗沥液处理工程建设	市政	1.22
	38	沈阳市新水源建设工程	水务	17.43
吉林	39	长春市北湖湿地生态文化综合治理	旅游	40.00
	40	长春市八一公园	文化	25.00
	41	长春市养老综合	养老	9.00
	42	四平市地下综合管廊	市政	10.30
	43	长春市地下综合管廊皓月大路	市政	9.60
	44	长春市地下综合管廊南部新城乙六路	市政	3.80
	45	吉林市地下综合管廊	市政	150.00
	46	松原市城区园林绿化	市政	5.50
	47	汪清县西大坡水库	水务	6.80
黑龙江	48	哈尔滨市地下综合管廊试点	市政	28.00
	49	鸡西市生活垃圾焚烧发电	市政	4.90
	50	抚远县东极小镇开发	市政	55.10

续表

省市	序号	项目	领域	总投资（亿元）
江苏	51	扬州市611省道邗江段工程	交通	10.61
	52	泰州市职业技术学院搬迁	教育	30.63
	53	盐城市亭湖区福利中心	养老	2.00
	54	泰州市滨江工业园区公共管廊	市政	1.49
	55	镇江市海绵城市	市政	13.85
浙江	56	温州机场交通枢纽综合体及公用配套工程和市域铁路机场段	交通	58.58
	57	台州第一技师学院	教育	4.50
	58	丽水市人口健康信息化	科技	1.41
	59	丽水盆地易涝区防洪排涝好溪堰水系整治三阶段工程	水务	2.89
	60	丽阳溪水系综合整治工程	水务	1.51
	61	玉环县玉坎河水系水环境综合整治	水务	6.50
	62	遂昌县清水源综合水利枢纽工程	水务	5.37
宁波	63	中意（宁波）生态园基础设施建设	市政	19.13
	64	宁波市世行贷款厨余垃圾处理厂	市政	5.00
	65	宁波市鄞州区生活垃圾处置	市政	14.50
安徽	66	安庆市外环北路工程	交通	19.76
	67	宣城市水阳江大道闭合段北段工程	交通	6.06
	68	合肥高新区智慧城市管理运营	科技	26.50
	69	铜陵市餐厨废弃物资源化利用和无害化处理	市政	0.70
	70	铜陵市海螺生活垃圾焚烧厂二期	市政	0.45
	71	铜陵市城市排水一体化	水务	7.90
	72	宿州市汴北污水处理厂及配套管网工程	水务	3.20
福建	73	南平市武夷新区旅游观光轨道交通武夷山东站至武夷山景区线一期工程	交通	25.00
	74	福鼎市前岐镇等9个乡镇及双岳工业园区污水处理厂及厂外配套污水收集管网工程	水务	2.00
	75	福建省优质教育资源共享支撑工程	教育	3.00

续表

省市	序号	项目	领域	总投资（亿元）
	76	龙岩市海西高速公路网古武线永定至上杭高速公路	交通	55.00
	77	福建应急通信保障能力建设示范工程	科技	5.00
厦门	78	东部固废处理中心生活垃圾焚烧发电二期	市政	6.60
江西	79	上饶市老年福利中心	养老	1.50
	80	赣州市章贡区社区（村）居家养老服务中心	养老	1.60
山东	81	淄博市博山姚家峪生态养老中心	养老	19.25
	82	济宁市嘉祥九顶山养老服务和生态综合治理	养老	130.78
	83	沂南城区集中供热	市政	10.03
	84	宁阳引汶工程	水务	13.13
河南	85	郑州市轨道交通运输3号线（一期）	交通	192.32
	86	郑州市有轨电车中原西路线	交通	45.45
	87	郑州市107辅道快速化工程	交通	85.12
	88	洛阳市政道桥	交通	12.62
	89	商丘市邢商永地方铁路	交通	27.10
	90	河南省濮阳市濮阳县新高中	教育	4.50
	91	济源职业教育中心高职、中职校区建设	教育	6.90
	92	焦作市技师学院新校区	教育	6.80
	93	商丘医学高等专科学校新校区	教育	8.00
	94	驻马店天中国际学校及附属综合体育场馆、青少年素质教育基地等配套设施	教育	6.00
	95	洛阳市栾川县凤凰广场建设	文化	1.60
	96	洛阳市栾川县文化艺术中心建设	文化	2.10
	97	洛阳市古城保护与整治	文化	85.00
	98	长垣县体育场人防工程综合体	文化	2.20
	99	周口市游泳馆建设	文化	1.79
	100	开封市民生养老医院	养老	2.22
	101	南阳市金鹏老年福利服务中心改扩建	养老	23.00
	102	濮阳市濮阳县人民医院新院区建设	医疗	4.10

续表

省市	序号	项目	领域	总投资（亿元）
	103	濮阳市肿瘤医院	医疗	5.00
	104	灵宝市第一人民医院建设	医疗	6.60
	105	洛阳平乐正骨医院	医疗	4.88
	106	洛阳仁大医院	医疗	6.00
	107	荥阳市人民医院整体建设	医疗	7.37
	108	周口市中医院东区医院建设	医疗	8.78
	109	济源市富士花园公租房	市政	6.20
	110	濮阳市濮阳县城区集中供暖	市政	2.88
	111	洛阳市汝阳县集中供热	市政	2.23
	112	信阳市光山县垃圾焚烧发电厂	市政	2.90
	113	商丘市生活垃圾焚烧发电	市政	3.99
	114	尉氏县生活垃圾焚烧发电	市政	4.00
	115	偃师洛河生态环境治理	水务	15.48
	116	洛阳市伊洛河水生态文明示范区	水务	54.63
	117	漯河市沙澧河开发二期工程建设	水务	26.65
	118	沁阳市水系建设	水务	9.54
	119	济源市西坪水库水利枢纽工程	水务	2.50
	120	洛阳市故县水库引水工程	水务	17.50
	121	潢川县城市污水处理	水务	2.60
	122	洛阳市城区污水处理及污泥处理	水务	14.40
	123	平顶山市污水处理厂	水务	7.00
	124	信阳市第一污水处理厂	水务	5.14
	125	长垣县污水、污泥处理设施	水务	3.25
湖北	126	孝感市文化中心	文化	14.29
	127	宜昌市妇幼保健院（市儿童医院）新院区 建设	医疗	5.00
	128	孝感市临空区地下城市综合管廊	市政	15.00
	129	武汉市千子山循环经济产业园	市政	23.12
	130	荆门市竹皮河流域水环境综合治理	水务	31.10

续表

省市	序号	项目	领域	总投资（亿元）
湖南	131	长沙县城乡公交一体化	交通	15.00
	132	湘潭高新技术产业开发区实验学校建设	教育	5.70
	133	湘潭市教育信息化“三通两平台”工程	科技	4.50
	134	岳阳市端午文化产业整体开发	文化	50.00
	135	邵阳市第二人民医院异地扩建	医疗	8.50
	136	岳阳市湖南城陵矶新港区投资建设	市政	67.42
	137	长沙市地下综合管廊	市政	55.95
	138	衡阳市城市生活垃圾焚烧发电厂	市政	5.68
	139	永州市中心城区生活垃圾焚烧发电	市政	3.50
	140	湘乡市城市生活垃圾焚烧发电工程	市政	3.50
	141	衡阳市污水处理工程	水务	8.86
广东	142	中山市轻型跨坐式单轨首期试验段（中山市城市轨道交通1号线）	交通	50.78
	143	肇庆市四会道路改造综合	交通	18.97
	144	茂名市水东湾城区引罗供水工程	水务	11.37
	145	江门市区应急备用水源及供水设施工程	水务	2.75
广西	146	南宁市轨道交通4号线一期	交通	159.00
	147	贺州市姑婆山旅游区游客集散中心建设	旅游	1.00
	148	南宁市第二福利院	养老	3.99
	149	南宁市武鸣县光荣院福利院搬迁扩建	养老	2.88
	150	贺州市八步区人民医院	医疗	5.92
	151	广西区环境物联网	市政	2.09
	152	南宁市竹排江上游植物园段（那考河）流域治理	水务	10.00
海南	153	乐东黎族自治县中医院工程建设	医疗	4.07
	154	澄迈县神州生物燃气（压缩提纯沼气）示范项目	市政	1.88
	155	海口市餐厨垃圾无害化处理工程	市政	1.15
	156	海口市环卫综合一体化	市政	2.00

续表

省市	序号	项目	领域	总投资（亿元）
	157	三亚市建筑垃圾综合处置厂	市政	1.42
	158	三亚市生活垃圾焚烧发电厂一期工程	市政	4.29
	159	海口市南渡江引水工程	水务	32.23
	160	海南省临高县供水一体化	水务	8.78
	161	乐东县千家自来水供水工程	水务	0.86
重庆	162	曾家岩嘉陵江大桥	交通	32.78
四川	163	珙县第一高级中学校学生食堂和学生宿舍	教育	0.32
	164	内江市四川健康职业学院建设	教育	4.79
	165	广安洁净水行动综合治理	水务	29.51
	166	成都市天府新区第一污水处理厂及成都科学城生态水环境综合整治	水务	26.00
贵州	167	铜仁市大龙开发区停车场、汽车站	交通	7.99
	168	铜仁市德江县人民医院城北新区（一期）	医疗	8.57
	169	铜仁市大龙经济开发区综合管廊	市政	15.00
	170	六盘水市综合管廊	市政	29.94
	171	贵阳市高雁、比例坝生活垃圾填埋场技改升级	市政	10.71
	172	六盘水市（德坞）西客站	市政	5.58
	173	铜仁客运北站	市政	2.03
	174	贵阳市乌当区柏枝田水库工程	水务	1.08
	175	贵安新区污水处理厂网一体化	水务	8.55
	176	贵州省桐梓县13个污水处理	水务	1.04
云南	177	普洱市景东至文东段高速公路建设	交通	31.03
	178	红河州滇南中心城市群现代有轨电车示范线	交通	69.64
	179	昆明轨道交通4号线工程	交通	266.44
	180	昆明轨道交通5号线工程	交通	193.40
	181	昆明市昆武高速入城段地面工程	交通	6.04
	182	红河水乡旅游建设项目（一期）—湿地工程及配套基础设施	旅游	5.40
	183	建水古城传统风貌保护恢复暨景区建设	旅游	32.50

续表

省市	序号	项目	领域	总投资（亿元）
	184	澄江化石地博物馆建设	文化	5.75
	185	石屏县非物质文化遗产传承馆	文化	1.20
	186	泸西县中医医院整体迁、扩建	医疗	3.50
	187	弥勒市中医医院迁建	医疗	4.34
	188	玉溪市儿童医院建设	医疗	5.62
	189	亚行贷款楚雄州城市基础设施建设	市政	24.77
	190	大理市洱海环湖截污工程	水务	34.68
	191	红河州建水县“一水两污”示范项目	水务	11.29
	192	红河州弥勒市“一水两污”示范项目	水务	9.28
	193	普洱市中心城区河道环境综合整治工程	水务	13.82
	194	红河州蒙开个地区河库连通工程	水务	13.61
陕西	195	安康机场迁建	交通	23.40
	196	铜川市汽车客运综合总站	交通	1.72
	197	西安市未央区徐家湾地区综合改造	市政	167.22
	198	铜川市耀州区“美丽乡村”气化工程	市政	1.64
	199	铜川市南市区集中供热	市政	6.75
甘肃	200	兰州市城市轨道交通2号线一期工程	交通	90.93
	201	兰州新建铁路朱家窑至中川线及配套工程	交通	18.60
	202	白银市地下综合管廊试点	市政	22.38
	203	陇南市G316线长乐至同仁公路两当县杨店（甘陕界）至徽县公路建设	交通	73.20
青海	204	海东市乐都区污水处理厂	水务	1.40
宁夏	205	银川市宁东基地水资源综合利用	水务	11.77
新疆	206	乌鲁木齐市甘泉堡开发区固废综合处置静脉产业园	市政	10.02

用PPP模式化解地方政府债务压力

2014年10月2日，国务院发布《国务院关于加强地方政府性债务管理的意见》（简称“43号文”），明确指出首要目标为治理政府性债务。“43号文”对地方债务开启了严格监管模式，使地方政府融资能力大幅受限。

“43号文”约束举债，地方政府急需借力社会资本投资建设，从中央到地方不遗余力地推广PPP，PPP在我国发展潜力无限。

当前，我国发展PPP的优势很多，PPP正“站在风口上”。

第一，地方债风险大。

城镇化建设和基建投资带来巨量融资需求，而土地财政却难以为继，信贷刺激隐患很大。

笔者在实践中了解到，多地政府称对高额的债务感到很有压力。随着经济放缓，企业利润率下降，尤其是一些此前依靠矿山、房地产拉动经济增长的地方，财政压力进一步加大。

由此可见，用PPP 模式化解地方政府债务压力是一条有效途径。

第二，PPP模式有利于缓解地方债务压力，降低系统性风险。

PPP模式有利于缓解地方债务压力，降低系统性风险，有充足的时间消化存量债务。在信用方面，PPP模式剥离了政府信用，将隐形政府信用转化为企业信用或项目信用，有利于降低融资成本、拉长融资期限。

此外，PPP模式还有如下优点：

一是有利于提高效率和降低工程造价。PPP模式可以使社会资本尽早介入项目，尽早参与项目的识别、可行性研究，保证了项目在技术和经济上的可行性，缩短前期工作周期，使项目费用降低。

研究表明，与传统的融资模式相比，在建设工期按时完成的情况下，PPP项目平均为政府部门节约 17%的费用。

二是有利于社会资本发挥先进技术和管理经验。PPP可以使有意向参与项目建设的社会资本与项目所在地政府在项目的论证阶段共同商讨项目建设过程中所采用的技术方案，从而有可能采用较新的研究成果。社会资本管理灵活高效，既可以缩短项目建设周期、节约成本，还可以发挥社会资本的管理经验，提高运营水平和节约成本。

不仅如此，社会资本还具有资金方面的优势。改革开放以来，我国社会资本得到长足的发展，规模不断扩大，实力不断增强。由于PPP项目多属于政府公益性项目，投资回报及运营费用一般列入政府刚性预算，这对具有资金优势的社会资本来说无疑具有很大的吸引力。

三是有利于转换政府职能，减轻财政负担。政府从过去的基础设施公共服务的提供者变成监管角色，可以在财政预算方面减轻政府压力。此外，在PPP合作过程中，政府员工也可受到技术和管理方面的专业培训。

四是有利于改善基础设施产品和服务的质量。政府和社会资本共同参与公共基础设施的建设和运营，合作双方形成互利互惠的长期共赢目标，能够更好地为社会和公众提供服务。

第三，PPP发展空间广阔。

当前，PPP在基础设施领域和公共服务领域有着巨大的需求，其发展空间广阔。围绕增加公共产品和公共服务供给，PPP模式在能源、交通运输、水利、环境保护、农业、林业、医疗、卫生、养老、教育、文化等公共服务领域都有着广阔的发展空间。

以养老为例，根据联合国老龄化社会的标准，我国从2000年开始就已进入了老年型社会，且“变老”的速度正在加快。

据统计，2005年我国60岁以上的老年人已经达到1.45亿，占总人口的11%，而且每年还在以3.3%的速度增加。到2020年，我国65岁以上的老龄人口将达1.67亿，约占世界老龄人口总数的24%，届时全世界每4个老人之中就有1个来自中国。

经济高速运转，国民社会福利也亟须提高。目前我国养老制度正在转型，让老龄化群体享有优质的健康和医疗服务，国家正引进社会资本参与改革。可以说，养老医疗市场潜力巨大，为PPP发展提供了良好的外部条件。

此外，对PPP模式本身而言，PPP虽然是一个新概念，但并非新生事物。

早在20世纪八九十年代，我国就有政府和社会资本合作的先例，在高速公路、桥梁、港口码头等诸多领域展开合作。由于彼时PPP模式在我国经济社会发展过程中并不占主角，因此PPP在当时并不显山露水。虽然彼时没有采用PPP的称谓，但实质上就是当前的PPP合作模式。

公开资料显示，深圳沙角B电厂是我国第一个成功兴建、第一个成功移交的BOT项目。沙角B电厂建于20世纪80年代电力严重短缺时期，由深圳能源集团有限公司与香港合和电力（中国）有限公司合作兴建。首次采用了BOT方式，合同期为10年。电厂由合和集团负责在国际金融市场融资贷款，以电厂投产后产生的现金流量来偿还融资贷款；在合作期内，由港方拥有电厂资产并单独进行管理，合作期满后港方将电厂的一切权益无偿移交。

沙角B电厂安装两台35万千瓦燃煤机组，总投资40亿港元。1985年7月1日电厂正式开工，两台机组分别于1987年4月、7月并网发电。在运营阶段，电厂引进先进的管理经验，创造了精简高效的运营模式。

截至1999年7月31日，沙角B电厂累计上网电量达462亿千瓦时，为广东省的经济发展提供了强大动力。

此后，国内不同形式的PPP模式不断出现，诞生了一大批成功的合作案例，积累了丰富的经验，这为未来PPP在我国的发展打下了坚实的基础。

第2章

PPP为什么这么火

从国务院发文指导部署，到各地推出规模庞大的项目，再到社会资本的广泛参与，PPP模式成为当下经济新热点。我国为什么要大力推进发展PPP？其背景是什么？

PPP模式为中国经济发展增添“新引擎”

自2010年开始，笔者便开始实地调查、研究珠三角和长三角区域的中小制造企业。在珠三角、长三角地区，笔者通过多次与地方政府、企业主、员工交谈或者采访，获得了大量第一手的资料和研究成果，并有多篇有影响的报告见诸国内主要财经媒体。

研究显示，素有“世界工厂”之称的珠三角、长三角在经历了30多年的快速发展后，遇到了发展的瓶颈，面临着非常严峻的问题：招工难、原材料成本和人工成本上涨、订单下滑、利润持续降低等问题一直影响着珠三角、长三角区域的广大中小制造企业。

“去年在深圳做服装一共挣了六万多元，平时花费了两万多，剩下不到四万元，这样算下来，平均每个月才三千元。”2014年末，湖北在深务工人员、九零后的赵学林对笔者说，“今年春节后不回深圳了，干脆留在老家，这边原来红红火火的企业现在都很不景气。”

调查显示，珠三角缺工人数超过200万。随着“用工荒”加剧，珠三角近八成企业欲涨薪招工。

除此之外，原来的劳务输出地区中西部的招聘“截流”措施，让珠三角和东南沿海一带的“用工荒”更加严重。

缺工之下，国内不少企业老板为招揽员工绞尽脑汁。

调查中，有部分企业为招到员工想出各种怪招，如“老员工介绍新人有奖”“向返厂员工派送红包”“高管列队向返厂员工鞠躬”，还有的刊登“老板喊你回来上班”的广告等，一时成为务工人员津津乐道的话题。

以上便是笔者历经多年、行程万里对珠三角、长三角调查的真实写照。

2015年，中国宏观经济基本上延续了中国新常态攻坚期的基本逻辑。

数据显示，我国GDP增速在总体持续回落中出现部分区域塌方式的下滑。虽然2015年一季度实际GDP增速为7.0%，二季度增速6.8%，但名义GDP下滑较大，仅为5.8%和5.6%，在近5年里，首次低于实际GDP增速。

国家统计局公布的2015年4月份投资、消费、工业增速等经济数据显示，过去多年拉动中国经济增长的主要引擎投资增速全面下滑，累计增速只有12.7%，创下了15年来新低。其中制造业和房地产单月投资增速仅为8.9%和0.5%。

在表外业务清理、银行惜贷以及整体性去杠杆的冲击下，社会融资规模和货币供应增速回落趋缓，金融内生性收缩现象明显。

2015年1～5月全社会融资总额累计同比增速为-19.7%，比上年和前年同比增速分别下滑13.6个百分点和50.3个百分点。

与此同时，货币供应出现明显回缓，2015年1～5月M2增速仅为10.8%，是近5年来新低，比去年和前年同期增速分别回落2.3个百分点和5个百分点。而表明信贷市场和资金市场循环的各类参数也出现回落，表明金融内生性紧缩现象普遍存在。

2015年4月末M2增速罕见地下滑到10.1%，创2000年以来最低。

M2增速创15年以来最低，总的说明实体经济偏弱，信贷需求不足。银行放贷、企业借贷的动力都不够，导致货币流动速度大大放慢，造成了货币创造能力下降。

2015年1～4月规模以上工业企业利润总额同比下降1.3%，增速比2014年同期回落11.3个百分点，比2013年同期下滑13.6个百分点。这种极速回落完全超越去年预期，并使很多基层政府陷入收支困境之中。

此外，受制于外需恶化及人民币汇率走强，2015年出口增速令人失望，前四月仅增长2%。弱出口还造成连锁反应，拖累了国内投资、消费等增长，包括制造业在内的工业生产、投资增速均出现大幅放缓。

从宏观经济来讲，中国经济已进入新常态。新常态一个最重要变化是增长速度放缓，进入增长阶段的转换，由过去的高速增长转向中高速增长。

在经济新常态下，财政收支矛盾加剧。

多年来我国经济高速增长的一条重要经验，就是由地方政府主导的持续的基础设施投资。不过，随着这种超常规增长的局面趋于结束，财政收支矛盾开始明显加剧。

笔者在实践中了解到，许多地方政府对财政收支下降颇为头疼。

当下，地方政府基建投资面临着最现实的难题，一是经济增长放缓带动财政收入下滑，二是地方融资平台清理使得基建资金受制压力增大，三是还要继续通过投资拉动经济的增长。

在此背景下，要想维持中国经济继续快速发展，稳定经济增长的局面，就必须大力发展PPP，为国内基础设施投资和公用事业投资寻求新的资金来源。

换句话说，多年来政府投资驱动型增长方式对于拉动中国经济增长起到过历史性作用，但发展至今这一方式中的一些关键条件难以为继，需要依靠社会资本促进中国经济的增长。

正如财政部副部长王保安所言，一方面，随着城镇化、工业化加速，基础设施建设资金缺口加大；另一方面，随着我国经济新常态的出现，财政收入增速明显下降，地方融资平台规范转型迫在眉睫。为此，创新公共服务投入机制，推广PPP模式势在必行。

推广PPP模式有利于打造中国经济增长的新引擎，也是政府的重点工作内容。

43号文：挥舞的监管大棒

近几年，中国经济增长呈现回落态势。拉动经济增长的“三驾马车”——投资、消费和出口均不同程度放缓。

作为“三驾马车”之一，以往中国经济高增长主要依托于高投资，而现在中国高投资开始触底。

投资主要包括三部分，一是基础设施投资，二是房地产投资，三是制造业投资。这三类投资的比例分配大约为：基础设施占20%~25%，房地产占25%左右，制造业占30%以上，三项合起来占中国投资的75%~80%。

第一，在基础投资方面，地方政府一直是基建投资的主力军，过去由地方政府主导的基建投资曾发挥了经济增长的引擎作用，但目前逐步减弱。2014年10月2日国务院发布了《国务院关于加强地方政府性债务管理的意见》（简称“43号文”），明确指出首要目标为治理政府性债务。“43号文”对地方债务开启了严监管模式，使地方政府融资能力大幅受限，城投债风光不再。

先看一看地方债。

如前所述，中国社科院估算，地方政府总负债已超过30万亿元。对于高达30万亿的地方债规模，仅2015年到期的地方债规模就有2.9万亿元。

为此，国家几次出台地方债转换政策。地方债置换是因为现在没有钱还即将到期的债务，通过置换变成长期债务，通过缓慢偿还暂时缓解危机。

2015年3月份，国务院批准由财政部下达了1万亿元地方政府债券置换存量债务额度，允许地方把一部分即将到期的高成本债务，转换成利率较低的地方政府债券。6月份，财政部又宣布将地方政府债券置换存量债务额度再增加1万亿元，目前总计推出的置换额度已有两万亿元。

地方政府是地方债偿债主体。地方债偿还渠道主要是两方面，一是地方政府财政收入；二是政府基金，这主要是指土地出让金。

2014年以来，随着房地产市场的深度调整，地方政府卖地收入锐减。

中原地产市场研究部统计的数据显示，2015年上半年，全国百强城市土地出让金锐减，合计出让11813宗土地，成交总金额7021.7亿元，较2014年同期的10890亿元下滑了35.5%。

对于地方偿债的两个渠道，土地出让金下滑的同时，就需要地方政府财政收入的增加来提高偿债能力。然而，我国经济发展下行压力较大，经济增长已经进入新常态，各地方GDP增速呈现的数字并不乐观。

多方因素之下，PPP模式成为当下地方政府最好的选项：既稳定了经济增长，也缓解了地方资金不足的问题。

事实上，“43号文”明确了地方政府融资的两个新方向，一是自发自还的地方债，另一个就是PPP。

江苏省财政厅负责人士表示，新型城镇化需要资金支撑，必须创新投融资体系和模式。

2015年以来，重庆、江苏、安徽、福建和青海等省份先后发布了首批PPP试点项目计划，均将PPP视为“新型城镇化建设投融资渠道”。

需要指出的是，我国基础设施建设欠账严重。比如城市轨道交通、地铁和道路建设严重不足，地下管网明显老化，许多城市被堵车和城市内涝困扰，有效投资机会众多。

第二，在房地产投资方面。目前房地产已经进入一个历史性的拐点。

民生证券经济学家管清友认为，房地产继续受到短期信贷因素、中期库存因素和长期人口因素的三重压力。

从短期来看，尽管央行多次降息之后房贷利率明显下行，但银行配置信贷的意愿依然不高。

从中期来看，高库存的状况并没有明显缓解。截至2015年2月，商品房待售面积6.4亿平方米。全国商品房存销比为6个月。除待售库存高企，在建房屋施工面积48.3亿平米，待售住房与在建住房需54个月才能卖掉。在大量库存未消化前，地产投资回暖概率不大。而在需求方面，中国房地产70%以上的城镇居民住宅的历史需求峰值大概是1300万到1400万套，这个峰值2014年就已经达到，未来房地产将逐步走平或者还会向下走。

从长期来看，我国人口结构变化制约了房地产反弹空间。15～64岁的劳动年龄人口是购房主体，老龄人口比重越高，购房意愿则相对不足。伴随着生育率的降低，人口金字塔底部相对收缩。2011年，中国人口结构已迎来拐点，总劳动力人口占比从峰值74.5%开始下降。根据美、日等国的经验，人口结构的拐点，也往往意味着房地产市场的拐点。

房地产作为拉动内需的主要引擎的时代已经结束，中国的房地产要继续发挥支持中国经济的作用，就必须有更多的买房者，事实上这并不现实。

第三，制造业投资方面。过去几年，在基础设施建设、房地产高速增长的拉动下，我国煤炭、钢铁、铁矿石、石油石化、建材等一系列重化工业也高速增长。2002年至2013年，中国进入一个明显的产能扩张周期。而当基础设施建设、房地产高投资速度放缓以后，供给端也应相应放缓速度，产能过剩问题越来越突出。

在制造业利润方面，从2014年8月份开始到2015年一季度，我国企业的利润率一直在下降。企业盈利水平下降，财政就会出问题，财政压力自然比较大。

出口和消费不尽如人意

在出口方面，受制于欧美经济不景气和人民币升值，此前一直高速增长的出口不断受到各方因素的挤压。

海关总署发布的数据显示：2015年1月，我国出口为2002.58亿美元，同比降低3.3%，远不如市场预期。2015年5月，全国进出口1.97万亿元，同比下降9.7%。其中，出口1.17万亿元，下降2.8%；进口0.8万亿元，下降18.1%；顺差3668亿元，增长65%。按美元计，全国进出口3220亿美元，下降9.3%。其中，出口1908亿美元，下降2.5%；进口1313亿美元，下降17.6%；顺差595亿美元，增长64.2%。

研究发现，近年来，我国出口贸易运行主要呈现以下特点：

一是受外需不振等因素影响，我国出口仍为负增长。二是受人民币被动升值等因素影响，我国对欧盟和日本出口下降。对汇率敏感的劳动力密集型产品同比大都由正转负，纺织服装、鞋类和玩具的同比均不断下滑。三是加工贸易持续低迷，低端出口产品远超发达国家，中国外贸企业亟待转型调整。四是由于原材料、劳动力等成本上升，利润空间受到挤压，竞争力下降。

在我国外贸出口主要对象中，欧盟是我国的第一大贸易伙伴，在出口产品中，五金机电产品已连十几年保持第一大类出口商品地位，占外贸出口总量60%、增量70%以上。

然而欧债危机及国际金融市场动荡，世界经济复苏进程缓慢，对我国出口贸易整体带来了非常严峻的挑战。

继2012年超越德国成为全球第二大贸易国之后，2013年中国又以4.16万亿美元的进出口总额成功超过美国，坐上全球最大贸易国“头把交椅”。虽然中国贸易总额领先，但出口商品结构却并不合理，低端产品占比过高。

2013年，美国主要出口商品总值1.57万亿美元，其中机电产品3787亿美元、运输设备2555亿美元、化工产品1634亿美元位列出口前三位，三项产品占总出口产品的50.6%。诸如纺织品及原料、家具、玩具等劳动密集型产品，出口占比只有1%左右。

再以德国为例，2013年1～9月德国货物进出口额为19591.8亿美元，其中出口10772.5亿美元。从商品看，机电产品、运输设备和化工产品是德国的主要大类出口商品，这三大类出口额分别为2929.9亿美元、2247.9亿美元和1382.9亿美元，占德国出口总额的27.2%、20.9%和12.8%。同样，在德国对外出口商品中，纺织品及原料、家具、玩具等劳动密集型产品，出口占比也只有1%左右。

反观中国，中国出口美国的产品前三项分别为机电产品、家具、玩具，三项占比为69.7%。中国出口德国的产品前三项分别为机电产品、纺织品及原料和家具玩具杂项制品，占德国自中国进口总额的65.8%。

虽然2013年我国机电和高新技术产品出口比重已经达到57.3%和29.9%，但很多商品核心技术掌握在外方手中。其中，机电产品61.2%是外资企业生产的，51.1%是以加工贸易方式出口的；高新技术产品73%是外资企业生产的，65.3%是以加工贸易方式出口的。

中国虽然进出口规模已经雄踞世界货物贸易大国首位，但是在出口商品结构、质量、效益、核心技术、单位出口能耗物耗以及服务贸易发展等诸多方面，与其他贸易大国相比仍有些差距。

外贸企业整体增速缓慢，除人民币此前持续升值的影响外，还在于利润普遍低下。

深圳一达通发布的《2013年全年珠三角中小企业外贸指数报告》中显示，2013年中小微外贸企业各项数据增速缓慢。全年外贸出口总额同比仅增长1.74%，整体增速缓慢。在扣除汇率因素的影响下，2013年全年出口商品价格指数平均收于99.72点，与2012年价格水平几乎持平，甚至有微微下滑的势头。

广东佛山有成业纺织公司负责人告诉笔者，出口利润下滑严重，针织类的产品在越南等地都有很多。“现在外贸行业利润都已经很透明，加上人民币升值，利润非常微薄，毛利率已经低于10%。”而扣除各项成本后，净利率仅为3%～5%。

笔者进一步了解到，虽然2013年我国机电和高新技术产品出口比重已经达到57.3%和29.9%，但很多商品核心技术掌握在外方手中。其中，机电产品61.2%是外资企业生产的，51.1%是以加工贸易方式出口的；高新技术产品73%是外资企业生产的，65.3%是以加工贸易方式出口的。

出口不振，导致近年来不断有依赖出口的中小民营企业主“跑路”或者跳楼的消息传来。

对外出口低迷的同时，国内消费也很难拉动经济增长。

当前，拉动内需已经成为我国经济发展面临的重要任务。然而，由于居民收入低，收入增长速度太慢，家庭收入增长跟不上经济增长的步伐，工资（劳动者报酬）是影响消费预期的主要原因。

持续不断的经济下行压力，让中国的宏观政策工具再次转向了投资。不过，随着《国务院关于加强地方政府性债务管理的意见》等政策的出台，地方政府投资冲动被抑制。而要解决地方债的问题，要搞投资基础建设和城市公共事业项目，PPP无疑是一把解决问题的“金钥匙”。

决。通过PPP模式提供公共服务，不仅可以破除各种行政垄断，打破“玻璃门、弹簧门、旋转门”，激发市场主体活力，还可以“借市场之力”，引入民间资本参与投资公共服务，将政府在战略制定方面的优势，与社会资本在管理效率、技术创新方面的优势结合起来，提高公共服务质量和效率，增加人民福祉。

在公共服务的利益相关方中，作为重要一方的政府始终处于主动地位，为了促进PPP模式的更好推广，促进PPP项目的顺利开展，这就要求政府树立契约精神，而这一点也事关政府职能的转变，需要政府增强购买公共服务中的责任意识，制定详尽的公共服务产品质量标准，完善招投标程序，健全社会力量参与及退出的科学机制等。

笔者认为，在全面深化改革的当今，探索和实践中国特色的PPP模式，不仅有其巨大的经济意义，而且对于政府职能的转变具有深远的意义：一方面有利于发挥政府和社会资本各方所长，即在发挥政府制定项目方面优势的同时，能最大化地发挥社会资本的管理效率和技术创新优势，提高PPP项目的经济运行效率，打造经济增长点，促进经济社会的协调发展，最终形成政府与市场紧密结合的“双轮驱动”。

总之，在经济转型的阵痛期，我国面临着投资不足、外需疲弱以及消费增长缓慢的巨大压力，因此，必须发挥投资的关键作用，增加基础设施方面的投资显得尤为必要，而PPP模式成为当下我国经济发展的最好选项之一。

第3章

PPP的各种模式

PPP有不同的形式，不同形式的PPP在产权、融资和运营等方面都具有不同的特征，政府部门和社会资本在其中的角色和权利义务关系也存在差异。

PPP模式百花齐放

PPP是英文Public-Private-Partnership的简写，中文直译为“公私合伙制”，简言之，指公共部门通过与私人部门建立伙伴关系提供公共产品或服务的一种方式。

PPP模式的一个典型结构是公共部门与社会资本签订特许经营合同，由社会资本负责融资、建设及经营，根本出发点是政府通过给予社会资本长期的特许经营权和收益权来换取基础设施建设，以解决政府的财政困境。

从20世纪90年代初期开始，全球PPP项目迅猛增长。

资料表明，在未来15年内，全球发展中国家大约需要两万亿美元投资于基础设施建设。未来全球很可能会出现PPP项目建设的新高潮。

虽然社会资本参与提供公共产品或服务已经有很长的历史，不过“PPP”这一术语近十年才出现。

从笔者查阅的资料来看，各国或国际组织对PPP的分类有十几种之多，其中多数是按广义的PPP进行分类的。以下是几种有代表性的解释。

世界银行认为，PPP是私营部门和政府机构间就提供公共资产和公共服务签订的长期合同，而私人部门须承担重大风险和管理责任。

联合国培训研究院对PPP的解决为“PPP涵盖了不同社会系统倡导者之间的所有制度化合作方式，目的是解决当地或区域内的某些复杂问题。PPP包含两层含义，其一是为满足公共产品需要而建立的公共和私人倡导者之间的各种合作关系，其二是为满足公共产品需要，公共部门和私人部门建立伙伴关系进行的大型公共项目的实施。”

欧盟委员会则称，“PPP是指公共部门和私人部门之间的一种合作关系，其目的是为了提供传统上由公共部门提供的公共项目或服务。”

美国PPP国家委员会称“PPP是介于外包和私有化之间并结合了两者特点的一种公共产品提供方式，它充分利用私人资源进行设计、建设、投资、经营和维护公共基础设施，并提供相关服务以满足公共需求”。

虽然不同的国家不同的国际组织对PPP的解释大同小异，但总体上仍是围绕“公共部门与私人部门的合作”进行解释。

比较公认的看法是，广义PPP是政府与私人组织之间为合作建设城市基础设施，或为提供某种公共物品和服务，以特许权协议为基础，彼此之间形成的一种伙伴式的合作关系。而狭义的PPP可以理解为一系列项目融资模式的总称，包含BOT、TOT、BOO等多种模式。

在我国，关于PPP的定义有来自中央层面的解释。

2014年9月23日，国家财政部发布《关于推广运用政府和社会资本合作模式有关问题的通知》，明确：政府和社会资本合作模式是在基础设施及公共服务领域建立的一种长期合作关系。通常模式是由社会资本承担设计、建设、运营、维护基础设施的大部分工作，并通过“使用者付费”及必要的“政府付费”获得合理投资回报；政府部门负责基础设施及公共服务价格和质量监管，以保证公共利益最大化。

研究发现，目前在我国BOT、TOT、BOO等多种PPP模式呈百花齐放的态势。

目前财政部和国家发改委推广的PPP以特许经营类为主。特许经营方式是目前国内推广最多的方式。特许经营指社会资本参与PPP项目部分或全部投资，与公共部门分担项目风险、共享项目收益。特许经营类项目能充分发挥政府公共部门与社会资本双方各自的优势，节约整个项目的建设和经营成本，同时还能提高公共服务的质量。合同结束后社会资本将项目的使用权或所有权移交给公共部门。

2014年11月29日，财政部《关于印发政府和社会资本合作模式操作指南（试行）的通知》（财金〔2014〕113号）中指出“项目运作方式主要包括委托运营、管理合同、建设——运营——移交（BOT）、建设——拥有——运营（BOO）、转让——运营——移交（TOT）和改建——运营——移交（ROT）等”。

2014年12月4日，国家发改委《关于开展政府和社会资本合作的指导意见》（发改投资［2014］2724号）中指出“经营性项目可以通过政府授予经营权，采用BOT、BOOT等模式推进；准经营性项目可通过政府授予特许经营权附加部分补贴或直接投资参股等措施，采用BOT、BOO等模式推进；非经营性项目可通过政府购买服务，采用BOO、委托运营等市场化模式推进。”

分析认为，根据PPP项目不同阶段所有权的归属不同，可以将PPP项目划分三类基本模式：

第一类的主要特征是政府在全生命周期[①]内都拥有项目的所有权，典型代表为BOT模式。

第二类的主要特征为项目公司在特许经营期内拥有项目的所有权，但所有权最终移交归属于政府，典型代表为TOT模式。

第三类的主要特征为全生命周期内项目的所有权均属于社会资本，典型代表为BOO模式。

研究发现，不同的PPP模式，各有其优缺点。

对社会资本而言，如果拥有项目的所有权，则可自主进行资产抵押、处置等筹集项目所需的资金。

事物都有两面性。社会资本对资产进行抵押、增加投资等，也会增加其风险，一旦出现大的经营风险，项目就难以按时移交给政府，这也是政府不愿意看到的。

此外，地方政府偿还债务主要是已建成项目，在选择PPP模式时比较适合TOT，即转让——经营——转让，政府将正在运营或正在建设的项目转让给私营部门，私营部门获得政府特许权后经营管理，经营期结束后再转让给政府。这样做，政府可通过转让所有权和经营权的方式，收回资金归还债务。

近年来一些具有较大影响力的PPP项目如：

2002年6月，上海友联联合体获得了上海市最大的污水处理项目20年特许经营权，负责此项目的融资、建设及运营管理；

2003年8月，中国中信集团联合体与北京市政府和北京奥组委以及北京市国有资产经营有限责任公司共同分别签订协议，最终建立中国国家体育场；

2003年12月，北京市政府联合社会投资共同建立北京地铁4号线；

2004年，深圳市在水利、燃气、公交、电力等领域进行国际招标，年底，五家试点公用事业单位完成了招募引资工作；广州市政府通过合资、合作、参股、项目法人招标、BOT等方式，允许个体、私营经济主体投资经营数十个基础设施

① 全生命周期（Whole Life Cycle），是指项目从设计、融资、建造、运营、维护至终止移交的完整周期。

和公共事业；

……

在我国，目前比较大的PPP案例主要有北京地铁4号线建设运营、国家体育场建设运营等PPP项目。

公开资料显示，国家体育场工程总面积21公顷，建筑面积25.8万平方米，项目总投资额313900万元。2008年奥运会期间，国家体育场承担开幕式、闭幕式、田径比赛和足球比赛等重要赛事，奥运会后可举办特殊重大赛事、各类常规赛事以及文艺演出和商业展示会等非竞赛项目。

中信集团出资65%，北京城建集团出资30%，美国金州公司出资5%，组成中国中信集团联合体。2003年8月，中国中信集团联合体分别与北京市人民政府、北京奥组委签署《特许权协议》《国家体育场协议》，与北京国有资产经营管理有限公司签署《合作经营合同》共同组建项目公司——国家体育馆有限责任公司，负责国家体育馆的融资、建设工作。项目竣工后，北京中信联合体体育场运营有限公司在30年特许经营期内负责国家体育场赛会运营、维护工作，待运营期满将国家体育场移交给北京国有资产经营管理有限公司。

北京市政府根据特许权协议的相关要求，提供了许多优惠政策和资金支持。项目用地土地一级开发费用仅为1040元/平方米，而相邻地段商业用地地价高达10000元/平方米。北京国有资产经营管理有限公司出资18.154亿元参与项目，且对该笔资金不要求回报。为方便体育场的建设和运营，北京市政府提供施工场地附近区域的必要配套基础设施，以及其他可为方便体育场建设和运营的帮助。

协议还约定，在特许经营期内，限制北京市市区北部区域新建体育馆或扩建已有体育馆，如确有需要新建体育馆，北京市将与北京中信联合体体育场运营有限公司协商，并按特许权协议对其进行补偿。

PPP的主要模式BOT领衔

目前国内推广的几种PPP模式主要有BOT、TOT、BT等模式。

研究发现，当下在我国应用最多的PPP模式之一是BOT。

BOT（Build-Operate-Transfer，建设——经营——转让），BOT是指政府就某个基础设施项目与社会资本签订特许权协议，授予社会资本承担该项目的投资、融资、建设和维护，在特许期限内社会资本向设施使用者收取适当费用，回收项目的投融资，建造和经营维护成本并获取合理回报。特许期满后社会资本将该基础设施无偿移交给政府。

通常情况下，一个BOT项目的操作流程如下：政府部门确立BOT项目——向社会招投标——社会资本投标——中标——政府与社会资本签订BOT合同——社会资本成立项目公司——项目融资——项目建设——项目经营管理——特许经营期结束后项目移交。

研究发现，BOT具有较多优点：

第一，减少政府公共借款和直接投资，减轻政府的财政负担，有利于解决基础设施不足与政府建设资金短缺的矛盾。

第二，避免或减少政府投资可能带来的各种风险，如利率和汇率风险、市场风险、技术风险等。

第三，有利于提高项目的运作效益。BOT项目动辄上亿资金投入，项目周期长，贷款机构对项目的要求严格，促使社会资本为减少风险，获得较多收益，不断加强管理，控制造价和提高工程质量。

第四，提前满足社会与公众需求，使一些本来急需建设而政府目前又无力投资建设的基础设施项目在社会资本的积极参与下，提前建成发挥作用（如交通运输、环境保护、农业、水利、医疗卫生、养老等），从而满足公众生活需求，提高公众的生活质量。

第五，有利于与BOT项目相关的上下游行业加入项目建设、合作，从而带动劳动就业，刺激经济增长。

鉴于此，BOT项目在世界范围广受青睐，是目前多国政府在建设新项目时通常采用的模式。

历史资料显示，我国第一个BOT基础设施项目是20世纪80年代由香港合和实业公司和中国发展投资公司等作为承包商在深圳建设的沙头角B电厂。之后，东南、华中、西南等地也出现了一批BOT项目。

随着PPP模式在我国的大力推广，一大批BOT项目应运而生。如广深珠高速公路、重庆地铁、上海延安东路隧道复线、武汉地铁、北海油田开发等。

事实上，笔者在操作的多起PPP项目中，BOT项目占绝大多数。

在围绕BOT项目的参与者中，主要有政府、社会投资者、银行等金融机构以及承担设计、建设的有关公司。

第一，BOT项目一方主体为政府。政府决定着项目的立项、在项目进行过程中对必要的环节进行监督。有在项目特许到期时无偿收回PPP项目的权利。

需要重点指出的是，对于一个项目是否采取BOT模式，政府需进行物有所值①的评价。财政部《政府和社会资本合作操作指南》规定，财政部门对项目的评估采取物有所值（英文简称VFM，Value for Money）评价方法，从定性和定量两方面展开，只有通过这一评估才能获得批准。有关物有所值评价，本书将在第四章重点论述，在此不赘述。

第二，BOT项目的另一方主体为社会投资者。通常情况下，对于一个BOT项目，社会投资者会单独设立BOT项目公司，或者与其他投资者共同成立BOT项目公司。而BOT项目公司往往是社会资本的一个子公司或分公司。

项目公司处于BOT项目的中心位置。所有关系到BOT项目的筹资、分包、建设、验收、经营管理体制以及还债和偿付利息都由BOT项目公司负责，同设计公司、建设公司、制造厂商以及经营公司打交道。

现代集团投资银行部吴婧认为，通过对国内典型案例的研究分析看出，成功运作的PPP项目离不开与项目特征和核心能力需求相一致的股东的参与，即新

① 物有所值（Value for Money，VFM），是指一个组织运用其可利用资源所能获得的长期最大利益。VFM评价是国际上普遍采用的一种评价，传统上由政府提供的公共产品和服务是否可运用政府和社会资本合作模式的评估体系，旨在实现公共资源配置利用效率最优化。

一轮PPP模式下，项目公司在政府作为主体参与的前提下，其他主要股东类型包括：一是具备雄厚资金实力、投融资渠道优势的投资公司；二是具有丰富经验的专业承包商，如总承包商、工程专业分包/承包商等；三是可以提供关键设备系统或掌握项目涉及的关键技术的专业机构，例如污水处理、垃圾处理、电力改造等专业技术企业；四是具有先进运营管理经验的机构，如燃气、水利、电力及交通工程的运营维护企业。

第三，银行等金融机构是BOT项目的出资人，主要是帮助社会资本完成BOT项目。由于BOT项目的负债率一般高达80%左右，所以，贷款往往是BOT项目的最大资金来源。当然，银行等金融机构向社会资本贷款，往往需要抵押和担保。

从笔者实际操作的BOT项目来看，抵押和担保主要是依靠BOT项目的经营权收益，不足部分需要社会资本以资产进行抵押和担保。

而就整个BOT项目的实施过程，大致分为立项、招投标、谈判、履约四个阶段。

第一，立项阶段。政府根据中、长期社会和经济发展计划列出新建和改建项目清单并公布。社会资本根据该清单上的项目做出方案后，向政府申请投标或表明承担该项目的意向。政府则依靠咨询机构进行各种方案的可行性研究。

第二，招标阶段。此阶段大概需要半年左右，特殊情况下，可以根据具体情况进行议标。

第三，谈判阶段。特许经营权协议是BOT项目的核心，所以，特许经营权协议谈判是BOT项目的关键一环。

第四，履约阶段。履约阶段即特许经营期，分为建设阶段、经营阶段和移交阶段。

世界银行在1994年世界发展报告中指出，BOT包含有三种基本形式，即BOT、BOO和BOOT。其中BOT是最基础的形式。

BOO（Build—Own—OPerate）即建造——拥有——经营，投资者根据政府赋予的特许经营权，建设并经营某项目，但最终不将此项目移交给公共部门，其目的主要是鼓励项目公司从项目全寿命期的角度合理建设和经营设施，提高项目产品服务的质量。

2014年12月，山东宝莫生物化工股份有限公司发布关于中石化胜利油田新春采油厂含油污水资源化处理站（BOO模式）中标的提示性公告，项目采用BOO模式运作，预计总投资1.5亿元。公告称，该项目有利于推动公司产业升级和业务转型，该项目有利于公司形成技术竞争优势，带动行业技术进步，该项目有利于公司进一步提升市场竞争力和盈利能力。

而BOOT（Build—Own—Operate—Transfer），即“建造——拥有——经营——移交”指项目在建成后，政府允许在一定的期限内由项目公司拥有项目的所有权，并由项目公司对项目进行运营，在特许经营期满后将项目免费移交给政府。与基本的BOT主要不同之处是，项目公司既有经营权又有所有权，但特许期一般比基本的BOT稍长。

2014年9月，中材节能股份有限公司通过《关于以BOOT模式投资新疆天山水泥股份有限公司所属吐鲁番天山等5个子公司建设余热电站暨关联交易的议案》。项目总装机容量36MW，预计投资总额不超过3.06亿元，合作期均为10年。

而在此之前，中材节能已经签署了14个BOOT 项目合同，多个项目并网发电并实现收入，电费收入逐年递增，还有助于企业和业主共同分享节能减排所带来的收益。

一起典型的BOT项目

2008年，C市决定建设一座污水处理厂，工程建设规模3万立方米/天，总投资额约5000万元。

经过前期可行性研究，政府部门确立该项目为BOT项目，于是决定向社会招投标。经过一番角逐，D污水处理厂中标。

C市政府与D污水处理厂签订BOT合同，C市政府授予D污水处理厂特许经营权，主要内容如下。

第一章 总 则

C市政府（以下简称甲方）、D污水处理厂（以下简称乙方）。

甲、乙双方经过充分协商，就C市政府城市污水处理厂项目建设运营等相关事宜达成如下合同条款：

第二章 特许经营权

第1条 特许经营权

1.1 特许经营权

鉴于污水处理厂由D污水处理厂承建，并出资5000万元，甲方依据建设部《市政公用事业特许经营管理办法》及C市政府的授权授予乙方C市政府城市污水处理厂特许经营权。

授予乙方的特许经营权在整个特许经营期内始终持续有效。

1.2 特许经营期

特许经营期应为26年，自污水处理厂开始运营日起计算。

第2条　甲方的权利和义务

2.1　甲方的权利和义务

（A）授予乙方特许经营权。

（B）按时向乙方支付污水处理运营费。

（C）特许经营期内，协助乙方办理有关政府部门要求的各种与本项目有关的批准文件和保持批准有效。

（D）乙方无偿提供特许经营年限内污水处理厂规划的50亩土地使用权给乙方（仅供污水处理项目使用）。

2.2　乙方的权利和义务

（A）乙方在特许经营期内享有特许经营权。

（B）在特许经营期内自行承担费用、责任和风险，负责进行项目的全部投资、融资、建设，以及项目设施的运营与维护。

（C）按照规定，中水经营收入归乙方所有。

（D）接受政府部门的行业监管，服从社会公共利益，履行对社会公益性事业所应尽的义务。

（E）乙方应确保在特许经营期内的任何时候污水处理设施按照双方约定达标排放，如不达标造成排污罚款全部由乙方承担。

第三章　进出水指标要求

第3条　进水和出水标准

进水标准：根据C市政府的规划原则，污水大部分为生活污水，另有少量工业污水。重污染企业废水排放首先必须进入企业内污水处理站预处理，达到标准后方可排入市政排水管网。

为使建成后的污水处理厂运行正常，出水水质稳定、合格，甲方和当地环保部门应严格要求并监督各企业排放的工业废水，超标部分必须先经预处理，使其达到《污水综合排放标准》（GB189188-2002）和《污水排入城市下水道水质标准》（CJ3082-1999）中规定的允许值，再排入城市排水管网，并严禁有毒有害重金属的超标排放。

如污水处理厂的进水水质超出以上标准，乙方有权拒绝处理该污水。甲方有义务监督相关部门解决污水处理厂进水水质，否则出现影响污水站运行，出水超标的问题与乙方无关。

出水指标：设计出水水质，根据污水处理厂的环境影响报告和环保部门要求，按《城镇污水厂污染物排放标准》（GB198188-2002）规定，对排入Ⅲ类水域的污水厂应执行一级A排放标准。在排污口安装在线监测设施，并与省、市、县环保部门联网。

第四章 项目的运营及维护

第4条 运营与维护

4.1 运营和维护的基本原则

在整个运营期内，乙方应根据本协议的规定，自行承担费用和风险，管理、运营和维护污水处理设施。乙方应确保在整个运营期内，始终根据下列规定运营并维护污水处理项目实施：

（A）国家和地方现行的企业运行的有关法律法规，污水处理的有关法律法规；

（B）协议中规定的质量保证、质量控制和安全生产的要求；

（C）运行维护手册以及污水处理项目内设备制造商提供的说明手册和指导；

乙方应确保污水处理项目管网及厂区所有设备始终处于良好营运状态，并能够安全稳定地处理污水和污泥，使其达到排放标准。

在特许经营期内，乙方应只对甲方收集的污水提供处理。未经甲方事先书面同意，不得接受任何第三方的污水进行处理。

4.2 甲方的主要责任

甲方应如期达到本协议规定的基本水量和进水水质，即每一个运营日内平均日污水量为2万立方以内和控制污水进水水质在本协议中规定进水水质标准以内。

在整个特许经营期内，应督促乙方认真执行国家行业标准《城市污水处理厂运行、维护及其安全技术规程》及本协议规定的出水质量标准。

4.3 乙方的主要责任

从开始商业运营之日起，乙方应连续接受和处理污水（除本协议另有规定外），将从接收点排入的进水经处理达到出水质量标准后，达标排放。

如果进水水量超过本协议规定的污水处理项目设计处理能力，乙方应及时通知甲方，同时提出拟采取的对超量污水进行处理的措施。通知发出一个工作日内甲方没有表示意见，则被视为同意乙方的措施建议。

乙方应按使用法律法规和合理的商业标准以及谨慎运行惯例认真而有效地处理其业务与事务。

乙方应对污水处理设施的状况及性能建立定期检修保养制度，对各项设施的图纸资料进行收集、归类和整理，完善公用设施信息化管理系统，保持水处理设施处于良好使用状态，并在甲方的要求下将设施运行情况报告给甲方。

乙方在日常生产经营活动中，应充分考虑环境影响，维护生态环境。

乙方应建立完善安全生产制度和意外事故的应急机制，并按要求定期进行应急预案演练；乙方应保障生产和服务的稳定和安全，防止事故发生。如发生重大意外事故，乙方应及时通报甲方，并尽最大人力、物力进行抢救，尽快恢复生产与服务；在事故影响期间，乙方应采取各种应急措施进行补救，尽量减少事故对公众的影响。

4.4　运行及维护手册

在开始商业运营之前，乙方应编制运行及维护手册，该手册应包括生产运行、日常维护、设备检修内容、频率和频率等。

4.5　暂停服务

发生计划内暂停服务，乙方应提交下一年度维护计划，其重大维护和更新内容上报甲方。甲方应在预计的计划内暂停服务开始之前给予书面答复或批准，乙方应尽最大努力使计划内暂停服务的影响降低到最小，以使设施的处理能力在计划内暂停服务期间维持不少于50 %的设计处理能力。每次暂停服务不得多于______天，如暂停运营超过20天，每超过一天扣除当天运营费的50%。

4.6　环境保护

乙方应始终遵守有关公共卫生和安全的适用法律法规及本协议的规定。不应因项目设施的建设、运营和维护而造成污水处理厂场地周围环境的污染。在项目设施的建设、运营和维护期间应采取一切合理措施来避免或尽量减少对项目设施周围建筑物和居民区的干扰。

第5条　污水处理运营费

5.1　污水处理运营费

合同生效，甲方在污水处理项目启动的同时，按日处理单位运行费用成本，财政将全年的污水运营费用列入本年度成本。

在运营期内，运营费用实行动态管理，根据《建设项目经济评价方法与参数》有关财务内部收益率，投资回收期的要求，暂确定污水处理厂正常运行的基本费用为______元/立方米。

5.2　污水处理运营费单价调整

每隔三年，根据国家物价综合指数的上涨幅度，甲、乙双方共同协商并确定运营费的上调比例。

5.3　污水处理运营费的支付

污水处理运营费按月向乙方支付。

甲方每月10日以前（非工作日除外），将上月污水运营费划拨到乙方发起成立的项目公司账号上。

本协议项下的任何费用一律以人民币支付。

5.4　污水进水水质超标

如果污水进水水质超过本协议规定的标准致使乙方不能履行其在本协议中要求的，乙方应立即通知甲方，按下列方法处理。

如果由于甲方责任造成进水水质超标，甲方应向乙方给予适当补充。

（A）如果污水处理项目有能力处理，则甲方应补偿因增加处理所造成的成本增加部分。

（B）如果污水处理项目没有能力处理，并持续______天，由甲乙双方共同协商处理办法，制定改造方案，经甲方同意后实施，改造费用应由甲方承担。在新的改造方案完成前，按本协议中的规定调整出水指标，并豁免由此造成乙方的出水水质超标的责任。

5.5　更改出水排放标准

因执行甲方要求改变的污水处理出水水质标准，造成运行成本的增加或资本性支出，乙方有权获得相应的赔偿。

第五章　项目设施的移交

第6条　特许经营期满时污水处理项目设施的移交

6.1　移交委员会

特许经营期结束______个月前，由甲乙双方各自派员组成移交委员会，具体负责和办理移交工作，甲乙双方代表人数应当相同。移交委员会主任委员由指派有关部门担任，组织必要的会议会谈并商定设施移交的详尽程序，确定移交仪式，最后将移交信息在省级报上刊登，向社会公告。

6.2　移交范围

在特许经营期结束当日即移交日，乙方应向甲方无偿移交：

（A）乙方对污水处理项目设施的所有权利和利益，包括：

污水处理项目设施的建筑物和构筑物；

与污水处理项目设施使用有关的所有机械和设备；

所有零备件和配件、化学药品以及其他动产运营和维护项目设施所要求的所有技术和技术诀窍、知识产权等无形资产（包括以许可方式取得的）。

（B）再用的各类管理章程和运营手册，包括专有技术、生产档案、技术档案、文秘档案、图书资料、设计图纸、文件和其他资料，能使污水处理项目能平稳地正常地继续运营。

（C）土地使用权及与污水处理项目场地有关的其他权利。

第6.2款项移交范围乙方在向甲方移交时不存在任何留置权、债权、抵押、担保物权或任何种类的其他请求权。污水处理项目场地在移交时应不存在任何环境问题和环境遗留问题（如存在上述问题乙方应承担一切责任）。

甲乙双方在办理移交工作的同时，应明确特许经营期结束后妥善安置原项目公司雇员的办法。

6.3　最后恢复性大修和性能测试

最后恢复性大修：

（A）在移交日之前不早于______个月，乙方应按照移交委员会商定的最后恢复性大修计划对污水处理项目设施进行大修，此大修必须于移交日______个月之前完成。

（B）通过最后恢复性大修，乙方应确保污水处理厂关键设备的整体完好率达到______%，其他设备的整体完好率达到______%、污水处理厂厂内构筑物不存在重大破损。

6.4　保证期

乙方应在移交日后12个月的保证期内，承担全厂设备和设施质量缺陷的保修责任（因接受移交的单位使用不当造成的损坏除外），乙方在收到该通知后，应尽快进行保修。

6.5　承包商保证的转让

在移交时，乙方有义务将所有承包商、制造商和供应商的尚未期满的担保和保证在可转让的范围内分别无偿转让给甲方，并促成供应商以过去同样优惠的价格供应设备，在移交时，甲方有权选择是否接受协议延续和承担由此发生的一切责任。

6.6　移交效力

乙方在本协议项下的权利和义务随移交的完成而终止，甲方应接管污水处理项目的运营及享有污水处理项目的一切权利和义务。

6.7　风险转移

甲方承担移交日以后污水处理项目的全部或部分损失或损坏的风险。

第7条　保险

7.1　保险

特许经营期内，乙方按照国家规定自费购买保险。

第六章　违约赔偿

第8条　违约赔偿

8.1　赔偿

任何一方应有权获得因违约方违约而使该方遭受的任何损失、支出和费用的赔偿，该项赔偿由违约方支付。

第七章　解释和争议的解决

第9条　解释规则

9.1　修改

本协议任何修改、补充或变更只有以书面形式并由双方授权代表签字，并加盖公章方可生效并具约束力。

第10条　争议的解决

10.1　双方友好协商解决

若双方对本协议条款的解释（包括关于其存在、有效或终止的任何问题）产生任何争议、分歧或索赔，则应尽量通过友好协商解决该争议、分歧或索赔。

10.2　仲裁

有关本协议的所有争议将由承德仲裁委员会根据仲裁规则进行仲裁。此仲裁的最终裁决并对双方具有约束力。

本协议一式四份，甲乙双方代表法定代表人或代理人签字盖章生效，各执两份，共同遵照执行。

甲方：C市政府（印章）

法定代表人：

乙方：D污水处理厂（印章）

法定代表人：

几种常见的PPP模式

除BOT外，还有TOT、BT、TBT等多种PPP模式，下面介绍几种常见的PPP模式。

TOT（Transfer-Operate-Transfer，转让——经营——转让），TOT是一种政府部门通过出售现有资产以获得增量资金进行新建项目融资的一种新型融资方式。这对前几年进行大量基础建设项目投资而面临巨大偿债压力的政府部门来说，无疑是一种不错的模式。通过这种方式，政府将大量转换资金，在缓解偿债压力的同时，还可以获得新的投资建设资金，可谓一举多得。

在TOT模式下，首先社会资本购买某项资产（通常为已建成）的全部或部分产权或经营权，然后对项目进行经营管理，在约定的时间内通过对项目经营收回全部投资并取得合理的回报，在特许期结束后，将所得到的产权或经营权无偿移交给政府。

位于安徽省合肥市的王小郢污水处理厂是中国第一个试水污水TOT模式的PPP项目，王小郢污水厂也开创了中国TOT模式的先河。

公开报道显示，安徽合肥王小郢污水处理厂是安徽省第一座大型的城市污水处理厂，也是当时全国规模最大的氧化沟工艺污水处理厂。项目共分两期建设，一、二期分别于1998年和2001年建成投产，日处理能力合计为30万吨，建设总投资约3.2亿元。

2003年合肥市政府决定采用TOT模式，通过国际公开招标的方式转让王小郢污水厂资产权益，实施23年的特许经营。

在经过一系列磋商后，最终，柏林水务和东华工程联合体中标，其投标报价为4.8亿元。

项目条件中确定的每吨水0.75元污水处理服务费单价，为随后实施的一系列污水处理市场化项目确立了价格标杆，使整个行业的价格下降20%

以上。

需要说明的是，污水处理当时属于亏损行业，而该项目中标价远高于政府底价，柏林水务联合体高溢价中标后在当时饱受争议。

不过，在经过10年经营后，该项目资本金已基本收回，并且开始盈利。

在笔者操作的多个PPP项目中，不少项目是通过TOT模式合作的。在与地方政府的接触中，TOT项目并不在当数，主要原因是随着前几年的大投资，许多地方政府借债建了许多地方基础建设，目前已陆续到了还款期。近两年随着经济进入缓增长，地方经济压力大，需要通过资产转换的方式缓解还债压力，此时TOT模式便应运而生。

以国内某县引水工程为例。该县前几年从财政支出两亿元，再加上从工商银行贷款3亿元（五年期贷款）建设引水工程。目前引水工程建设已接近尾声，需要支付各项工程款以及工商银行的贷款，而近两年以矿产为经济支柱的该县财政压力很大。后来，该县与社会资本合作，通过TOT模式的方式成功置换5亿元，不仅偿还了工商银行的3亿元贷款，而且2亿元财政还可以进行新的投资，可谓一举多得。

还有一种较为常见的PPP模式，即BT模式。

BT（Build—Transfer，建设——移交）是指政府经过法定程序选择拟建的基础设施或公用事业项目的投资人，并由投资人在工程建设期内组建 BT 项目公司进行投资、融资和建设；在工程竣工建成后按约定进行工程移交并从政府的支付中收回投资。

BT模式主要用于投资巨大、建设周期长的公共基础设施。

通俗地说，BT投资是一种“交钥匙工程”，项目由社会资本投资、建设，建设完成以后“交钥匙”，政府再回购，回购时需考虑投资人的合理收益。项目建设的资金，则由社会资本负责筹措，或利用自有资金，或通过向银行等金融机构融资。由于BT模式主要适用于建设公共基础设施，复杂性强、障碍多、涉及的环节多、分包情况严重、操作难度大，而且融资成本也因中间环节增多而急剧上升，BT项目隐藏着很大的政策和质量方面的风险，不可预知的因素较多，因此，社会资本往往非常慎重。

BT 属于 BOT 的一种演变形式，政府在项目建成后从投资机构回购项目，回购款既可一次支付，也可分期支付。实践中，政府回购款往往是项目建成并回购后支付，即政府通过财政拨款或通过运营项目收费来支付。

一般来说，BT模式的运作过程为：

一、项目确定阶段：政府对项目立项，完成项目建设书、可行性研究等工作；

二、项目前期准备阶段：政府确定融资模式、贷款金额的时间及数量上的要求、偿还资金的计划安排等工作；

三、项目合同确定阶段：政府确定投资方，谈判商定双方的权利与义务等工作；

四、项目建设阶段：参与各方按BT合同要求，行使权利，履行义务；

五、项目移交阶段：竣工验收合格、合同期满，投资方有偿移交给政府，政府按约定总价，按比例分期偿还投资方的融资和建设费用。

研究显示，相比国外发达国家的BT模式，我国BT诞生时间更短、经验更少。比如BT模式存在的问题中最重要的是法律环境缺失，没有关于BT的专门立法。

虽然如此，BT模式在我国仍生根开花。

2005年，北京地铁首次在奥运支线工程尝试运用BT模式。

目前，我国大型BT项目案例主要有广东省佛山市市政基础设施BT建设项目工程、天津津滨轻轨项目、南京地铁2号线一期工程等。

2014年11月，福州市地铁公司与中国交通建设股份有限公司签订BT合同。合同约定，福州地铁2号线由中交股份以BT方式承建。

据介绍，本次BT投资建设范围为2号线的建筑工程，部分机电设备采购、安装和调试，投资规模约78亿元，占总投资额的39.8%，计划工期为52个月。

2014年12月，万科深圳以45.3亿元BT模式中标深圳地铁发布的红树湾物业开发项目。

资料显示，该宗地编号为T207–0048，规划用地面积6.83万平方米，计容积率建筑面积41.9万平方米，规划限高400米。开发建筑面积达57万平方米。地块于2015年6月30日开工、2021年12月31日竣工。

招标公告披露，在项目用地不发生转移登记的前提下，由牵头方万科支付投标确定的对价45.3亿元后获得项目49%权益，与深圳地铁按51%：49%的比例进行全项目投资，并获得相应权益，承担相应风险。

此外，实践中还有少量的TBT（Transfer- Build -Transfer，转让——建设——转让）模式运作。TBT就是将TOT与BOT融资方式组合起来，以BOT为主的一种融资模式。

在TBT模式中，TOT的实施是辅助性的，采用它主要是为了促成BOT。TBT的实施过程如下：政府通过招标将已经运营一段时间的项目和未来若干年的经营权无偿转让给投资人；投资人负责组建项目公司去建设和经营待建项目；项目建成开始经营后，政府从BOT项目公司获得与项目经营权等值的收益；按照TOT和BOT协议，投资人相继将项目经营权归还给政府。

笔者在实践中发现，在我国PPP模式推广尚处于起步阶段，无论是政府公共部门，还是相关社会资本以及业界人士，对各种相关术语的使用存在一定程度的混淆，对PPP的理解不尽相同。因此，区别PPP模式的各种形式，科学理解各种形式之间的异同点，将避免因理解不一致而引发争议，从而利于PPP在中国的健康发展。

除了PPP几种常见的模式外，有必要介绍PPP项目中主要的投资、建设管理模式。

第一，投资模式。从项目投资主体分类，可以分为社会资本投资、混合投资（政府和社会资本共同投资）两大类型。

笔者操作过的一个水库PPP项目，投资额达20亿元，出于风险考虑，最后采取企业和政府共同投资的模式进行投资。

社会资本投资是目前政府重点考虑的投资模式。根据社会资本投资介入项目的不同时期，主要分为：参与项目初始投资建造，以BOT、BOO为主；项目建成后受让运营，以TOT为主；对项目升级改造进行投资后运营，以ROT为主。

第二，建设管理模式。按照业主介入的深入以及项目任务包的划分，一般有：业主自行管理、委托进行项目管理（PM）、EPC总承包、DB（设计——施工总包）、工程总承包项目等类型。项目建设所涉的工程、设备和服务的采购应按照《招标投标法》的规定履行招标程序。

10亿规模特许经营协议

为加强城市供水企业管理，保证城市用水安全和供水企业的合法权益，2015年，K县人民政府与H环境工程公司签订特许经营协议，项目规模达10亿元。

以下为双方签订的特许经营协议（有删节），对我国目前进行的类似PPP项目有参考价值。

第一章　总　则

K县以特许经营权的方式出让现有的引水工程及供水工程，按照政府水价补贴模式支付H公司运营费用。项目包括：

K县城区水源建设及大引水工程：从P水库引水至城区使用，规模5亿元；

K县自来水厂迁扩建工程：新建3万立方米/日净水厂以及附属设施，工程预算1亿元；

K县河道整治及周边开发项目：包括污染河道的整治及河道周边的土地开发，项目规模约4亿元。

第二章　协议的应用

第一条　各方同意本协议是乙方在特许经营期内进行项目融资、设计、建设、运营、维护、服务的依据之一，也是甲方按照本协议对乙方在特许经营期内的经营行为实施监管的依据之一。

第二条　当以下先决条件满足时，双方开始履行本协议项下义务：

（1）融资交割完成。

（2）甲方付款条件获得人大决议通过。

（3）依法清产核资、产权界定、资产评估、产权登记，并依适用法律获本城市人民政府相关部门批准。

（4）依法应当取得的其他批准文件。

第三条 甲方和乙方声明和保证如下：

（1）签署本协议并按本协议履行义务，所有为授权其签署和履行本协议所必需的组织或公司内部行动和其他行动均已完成。

（2）本协议构成甲方和乙方的有效、合法、有约束力的义务，按其条款依适用法律对其有强制执行力；

第四条 未经甲方书面同意，乙方不得将依本协议所取得的土地使用权用于供水工程以外的任何其他用途。

第三章 供水工程的运营与维护

第五条 在特许经营期内，乙方享有以下权利和义务：

（1）独家向特许经营区域范围内用户供水，合法经营并取得合理回报。

（2）根据社会和经济发展的情况，保障特许经营区域范围内水厂的运行、供水管网的正常维护以及特许经营区域范围内用户供水服务。

（3）根据中国法律和本协议的要求满足用户用水水质、水量、水压、供水服务需求。

（4）履行协议双方约定的社会公益性义务。

（5）法律和本协议规定的其他权利和义务。

甲方享有以下权利和义务：

（1）对乙方的供水服务进行监督检查.

（2）结合经济社会发展需要，制订供水服务标准和近、远期目标，包括水质、水量、水压以及维修、投诉处理等各项服务标准。

（3）制定年度供水水质监督检查工作方案，对乙方的供水水源、出厂水及管网水质进行抽检和年度综合评价。

（4）维护特许经营权的完整。

（5）法律、规章和本协议规定的其他权利和义务。

（6）按时足量的支付供水补贴。

第六条 乙方经营的大引水工程供水能力为______万立方米/日，新建自来水工程净水能力为______万立方米/日。

第七条 乙方应按照城市规划和供水规划的要求制定经营计划（包括供水计划、投资计划），并经甲方同意后方可实施。经营计划的修改须经甲方同意。

第八条 乙方于开始运营日起______日内向甲方呈报第一个五年和年度经营计划。每个五年计划执行到期前六个月应向甲方提交下一个五年经营计划，每年十月底以前向甲方提交下一年度的经营计划。

第九条 乙方应对取水设施、净水厂、加压泵站、主干供水管网等主要供水工程的状况及性能进行定期检修保养，并于每年______月和______月向甲方提交设施运行情况报告。

第十条 在特许经营期和特许经营权范围内，如甲方需要建造新的供水工程应由乙方实施，建设合作方式由双方根据本协议规定的原则签署补充协议。

第十一条 乙方必须保证水净化处理设备、设施满足净水工艺的要求。在净化处理各工序（车间），应配备相应的水质检测手段。

第十二条 乙方必须制定保障设备、设施正常运行及保证人身安全的技术操作规程、岗位责任制以及相关的安全制度，并负责组织实施。

第十三条 为确保乙方履行本协议的义务，在不妨碍乙方正常运营和维护项目设施的情况下，甲方的代理人或代表有权在任何时候进入供水工程用地和接近相关设备进行监督检查。

第十四条 甲方或其代理人或代表可要求乙方提供下列资料：

（1）净水和原水质量的检测分析报告。

（2）设备和机器的状况及设备和机器的定期检修情况的报告。

（3）财务报表。

（4）重大事故报告。

（5）计量器具校核证明文件。

（6）甲方认为需要提供的其他资料。

第十五条 如果乙方违反其在本协议项下运营和维护供水工程的义务，甲方可就该违反行为向乙方发出书面通知。乙方在接到上述通知后应：

（1）对供水工程设施进行必要的纠正性维护。

（2）书面通知甲方对通知内容有异议，争议按补偿与争议解决程序规定解决。

第十六条 乙方有权因启动供水应急预案而增加的合理成本向甲方提出补偿

要求，甲方应选择支付补偿金，或调整水价，或延长特许经营期限给予补偿。

第十七条 乙方应按照适用法律定时向甲方提供生产以及经营的统计数据。为了核实某些情况，甲可要求乙方对供水系统的性能和运转情况提供统计资料。

第十八条 乙方应无条件地向甲方提供有关供水服务的信息和相关解释。并应按甲方的要求，在甲方或其代理人或代表在场的情况下，对设备进行试验和检测，以核实设备的实际运转状况。

第四章 收 费

第十九条 乙方向公众用户供水的价格实行政府定价，乙方按照K县人民政府批准的收费标准向其服务范围内的用水户收取费用。

第二十条 本协议生效日时的综合水价是每立方米______元。生活用水每立方米______元，行政事业用水每立方米______元，工业用水每立方米______元，经营服务用水每立方米______元，特种行业用水每立方米______元。

第二十一条 乙方协助甲方按照适用法律制定城市供水收费标准、收费监督政策的调整计划。调整计划作为本协议的组成部分。

第二十二条 甲方有权对乙方经营成本进行监管，并对乙方的经营状况进行评估。

第二十三条 特许经营期满，甲方授予乙方的特许经营权终止。

第二十四条 在特许经营期内，乙方有下列行为之一且在收到甲方通知后______日内未进行纠正的，甲方有权提前通知乙方提前终止本协议：

（1）擅自转让、抵押、出租特许经营权的。

（2）擅自将所经营的财产进行处置或者抵押的。

（3）擅自停业、歇业，严重影响到社会公共利益和安全的。

（4）严重违反本协议或法律禁止的其他行为。

第二十五条 在特许经营期内，乙方拟提前终止本协议时，应当提前向甲方提出申请。甲方应当自收到乙方申请的3个月内作出答复。在甲方同意提前终止协议前，乙方必须保证正常的经营与服务。

第二十六条 甲方有权在乙方没有任何违约行为的情况下提前______日通知乙方提前终止本协议，但是应按照本协议支付补偿款项。

第二十七条 在特许经营期内，如甲方严重违反本协议规定且在收到乙方通知后______日内未进行纠正，则乙方有权通知甲方提前终止本协议。

第二十八条 未经甲方书面同意的情况下，乙方不得转让其在本协议下的全部或任何部分权利和义务。

第二十九条 为安排供水工程项目融资，乙方有权依适用法律以其在本协议项下的权利给贷款人提供担保，并且为贷款人的权利和利益在供水工程用地的土地使用权、供水工程设施或供水工程和服务所需的乙方的任何其他资产和权利上设抵押、质押、留置权或担保权益。但此类抵押、质押、担保权益设置（包括此类权益设置的变更）均须取得甲方书面同意，甲方不得不合理地拒绝。

第五章 特许经营权终止后的移交

第三十条 如本协议提前终止，乙方应在收到甲方通知后______个工作日内向甲方或其指定机构移交其全部固定资产、权利、文件、材料和档案，并确保这些固定资产和权利处于提前终止发生日的状态。乙方在未正式完成交接前，应善意履行看守职责，保障正常生产和服务。

第4章

PPP站上风口

“忽如一夜春风来，千树万树梨花开。”热潮之下，是地方政府和社会资本对采用PPP模式做基础设施和公用事业项目的渴求。那么，面对PPP模式的诸多类型，政府应怎样选择？政府和社会资本各自又应该扮演怎样的角色？

政府扮演多重角色

研究发现，在PPP模式中，政府和社会资本开展广泛合作，代表双方的主体主要为：

其一，作为政府一方，主要是政府部门或者政府授权的机构（在实践中，笔者接触的主要是地方政府财政部门、水务部门、建设部门等）。

其二，作为社会资本一方，主要是国企、民企、外企、混合所有制企业以及其他各类投融资主体。

笔者认为，在PPP模式中，政府的角色具有多样化的特点：项目是否适合PPP模式的决定者、具体采取哪一种PPP模式的决定者、交易规则的制定者与执行者、公共服务的采购者和提供者、公共服务的监管者，等等。

第一，政府需对PPP项目进行评价。

对于政府而言，采取PPP模式最重要的目的之一便是解决融资问题。不过，能不能用PPP模式来融资，地方政府必须满足一些必要的条件。其中“物有所值”和“财政可承受能力评价”便是重要的内容。

财政部于2014年11月29日下发《政府和社会资本合作操作指南》（以下简称《操作指南》），《操作指南》的最大特点是覆盖了PPP项目的全生命周期，对PPP项目的设计、融资、建造、运营、维护至终止移交的各环节操作流程进行了全方位规范。

《操作指南》规定，财政部门对项目的评估采取物有所值（VFM）评价方法，从定性和定量两方面展开，只有通过这一评估才能获得批准。

因此，地方政府在选择社会资本时要慎重，尤其要考虑企业的资金实力和融资能力，如果后期资金跟不上就会留下很多隐患，给PPP模式增加许多不可预知的风险因素，这一点是地方政府不愿意看到的。

有分析指出，为保证项目建设不存在实质性障碍，政府应特别重视如下几点：

（1）项目选址是否与城市规划相符。

（2）项目是否满足环保要求。

（3）项目用地取得是否存在障碍。

（4）项目建设是否存在潜在社会风险。

第二，PPP项目前期投资额高、回报周期长，决定了PPP项目要成功推广，政府需要建立一套行之有效的保障制度。

PPP模式回报的长周期性决定了社会资本的收益面临较大的不确定性和诸多不可预知的风险，如果有完善的法律、法规保障，则可以最大限度消除社会资本对进入后风险的担忧。

政府作为PPP模式规则的制定者与执行者，要大力推广PPP模式，必须制定并执行相关的法律，就要发挥自身的优势，在PPP项目合作中建立严谨的法律体系和公平透明的交易规则，严格监管，提高公共产品的供给质量和效率，形成公用事业吸引社会资本投资的制度环境。

目前，国家财政部、发改委以及相关部门都相继出台了一系列有关PPP项目的政策措施，部分地方政府也出台了相应的配套政策，应该说有关PPP项目的法律体系越来越健全，PPP模式的自上而下的指导性越来越强，同时也降低了今后政府与社会资本之间产生纠纷的比例。这都是政府部门在承担规则制定者或执行者角色的充分表现。

在制定交易规则方面，在市场化条件下，为了与最适合项目本身的社会资本合作，政府在公开招标、签订特许经营权协议方面，一定要遵循“公开、公平、公正”的原则。“公开”即要求PPP项目的招投标、特许经营权协议在订立过程中严格按照国家法律法规执行，做到程序透明、内容公开，减少或杜绝政府在上述过程中滥用职权。“公平”就是政府要公平对待每一个合同相对方，使每个相对方都有获得合同的同等权利和机会，最终寻找到最适合项目本身、有实力的社会资本。“公正”就是要求政府与社会资本的合作洽谈，做到程序和内容上的公正。

第三，政府是社会资本的利益协调者。

在利益分享方面，政府与社会资本存在利益诉求不同，最突出的表现是政府追求公共利益最大化，而社会资本则追求商业利益最大化。因此，政府要引导PPP项目强化公共利益约束，防止以侵害公共利益实现利益最大化。

资本的本性是逐利，在PPP项目中引入社会资本必然要考虑到社会资本的回报。作为PPP项目的一方，地方政府一个重要的责任是调节社会资本的盈利空间，这个盈利空间一定要科学，使政府、社会资本、社会公众都能够接受。

换句话说，地方政府调节的社会资本的盈利空间，既要保持项目回报率的吸引力，也要考虑许多项目投资都带有公益性特点。这就需要政府从市场化和公平的角度，找准公众与社会资本之间的利益平衡点。

第四，政府部门是PPP项目的监管者。

优化对PPP项目的外部约束机制，防止出现道德风险和内部人控制等侵犯公共利益的现象是政府的重要职责。

如在北京地铁4号线项目中，根据《特许经营协议》规定，北京市政府实现从地铁间接经营者向监管者的转变，在发生涉及公共安全等紧急事件时，市政府有权介入，以保护公共利益。

目前，越来越多的地方政府开始尝试以BOT、TOT等PPP方式引进社会资本进行公路的投资建设。如在公路建设中，政府部门的主要角色有：一是项目规划师。地方政府有权力、资源对公路项目进行规划，这正是地方政府的优势所在，可以对区域性综合交通发展进行规划，制定包括交通政策、地方公路总体长远发展战略等。二是规则制定者，地方政府建立一个科学的法律框架体系，制定并实施规范透明的招标和评估程序，公开、公平、公正地与社会资本合作，以促进PPP项目的快速推进。

最后，政府还是社会资本的重要支持者。

在PPP项目中，政府与社会资本是合作共赢的关系而非各自为战的单方获利关系，更不是零和游戏，而是共赢的关系。

PPP项目最核心的就是要讲求公允和平等互利，讲求风险共担和利益共享，不要独享利益和牟取暴利。

因此，为了促进PPP项目的顺利开展，政府需要为社会资本提供必要的支持：在投资、回报等方面按约履行并做出适当合理的保证，为项目提供融资担保等；通过初始运营时期的政府支持降低企业运营成本；积极与公众沟通，解决公众关心的问题。

2015年1月，财政部发布《关于规范政府和社会资本合作合同管理工作的通知》规范PPP项目合同管理，确定六大核心原则，包括依法治理、平等合作、维护公益等。

依法治理是指在依法治国、依法行政的框架下，充分发挥市场在资源配置中的决定性作用，允许政府和社会资本依法自由选择合作伙伴，充分尊重双方在合同订立和履行过程中的契约自由，依法保护PPP项目各参与方的合法权益，共同维护法律权威和公平正义。

平等合作是指在PPP模式下，政府与社会资本是基于PPP项目合同的平等法律主体，双方法律地位平等、权利义务对等，应在充分协商、互利互惠的基础上订立合同，并依法平等地主张合同权利、履行合同义务。

维护公益是指建立履约管理、行政监管和社会监督“三位一体”的监管架构，优先保障公共安全和公共利益。PPP项目合同中除应规定社会资本方的绩效监测和质量控制等义务外，还应保证政府方合理的监督权和介入权，以加强对社会资本的履约管理。与此同时，政府还应依法严格履行行政管理职能，建立健全及时有效的项目信息公开和公众监督机制。

诚实守信是指政府和社会资本应在PPP项目合同中明确界定双方在项目融资、建设、运营、移交等全生命周期内的权利和义务，并在合同管理的全过程中真实表达各自的目的，认真恪守合同约定，妥善履行合同义务，依法承担违约责任。

公平效率是指在PPP项目合同中要始终贯彻物有所值原则，在风险分担和利益分配方面兼顾公平与效率：既要通过在政府和社会资本之间合理分配项目风险，实现公共服务供给效率和资金使用效益的提升，又要在设置合作期限、方式和投资回报机制时，统筹考虑社会资本方的合理收益预期、政府方的财政承受能力以及使用者的支付能力，防止任何一方因此过分受损或超额获益。

兼顾灵活是指鉴于PPP项目的生命周期通常较长，在合同订立时既要充分考虑项目全生命周期内的实际需求，保证合同内容的完整性和相对稳定性，也要合理设置一些关于期限变更、内容变更、主体变更的灵活调整机制，为未来可能长达20～30年的合同执行期预留调整和变更空间。

笔者认为，城市基础建设和公共服务领域的特点比较明显，主要是具有稳定的现金流、项目收费定价机制透明，这些都是社会资本非常关心的。

作为PPP模式的积极推动者，政府应该在国家法律框架下和相关法规、规章指引下，争取在较短时间内建成一批符合地域和行业特点且可推广、可复制的示范项目，形成标准化的操作规则，以利于PPP模式的快速推广。

社会资本：专业人做专业事

政府和社会资本方以什么方式来合作？为什么要合作？归根结底其实就是一句话：政府以订立合同的方式，充分利用社会资本方的资金、技术、人才和管理经验来提升公共服务供给的质量和效益。

2015年4月，国务院出台《基础设施和公用事业特许经营管理办法》，提出要发挥社会资本融资、专业、技术和管理优势，提高公共服务的质量和效率。

2015年5月，国家发改委首批公布1043个、总投资额达1.97万亿的PPP项目。与此同时，江苏、安徽、湖南、河北、河南等省份的PPP项目推进速度正在加快，动辄计划引资千亿元的省份不在少数。

2015年7月，国家发改委发布切实做好《基础设施和公用事业特许经营管理办法》贯彻实施工作的通知，通知要求针对《办法》关于简化审批的规定，地方各级发展改革部门要梳理本部门负责的审批核准事项，简化流程、规范时限，同时推动地方政府和相关部门建立特许经营绿色通道，实行并联审核和联审联办，减轻投资者负担。

通知强调，针对《办法》规定的特许经营可行性评估、特许经营价格收费的确定和调整机制，以及融资服务和政府投资支持等政策措施，根据本地区实际完善配套规定，加强政策指导，增强投资者信心，稳定民间投资预期。

不过，热潮之下，PPP项目却因为方方面面的原因“落地”进度并不尽如人意。全国各地公布试点的PPP项目进展参差不齐。

笔者认为，在PPP项目合作中，政府可以在宏观上进行指导和监督，而通过减少对微观事务的过度参与，让社会资本“当主体、唱主角”，让专业的人做专业的事，这对加快政府职能转变，有效提高公共服务产品的供给效率和质量具有重要作用。

清华大学建设管理系教授、著名PPP研究专家王守清认为，PPP就是“让专业的人做专业的事”，实施PPP模式，政府将某些专业领域的事情（比如运营）交给最擅长的企业，就能把政府从繁琐但并不擅长的具体事务中解脱出来，更加关注规则的制订和监管；而发挥企业的能动性和创造性，会比政府大包大揽做得更专业和更有效率。

研究表明，与传统的融资模式相比，PPP项目平均为政府部门节约17%的费用，并且建设工期都能按时完成。以环保基础设施为例。环保基础设施具有公益性、稳定性、邻避性等特性，由政府部门负责环境评价、可行性研究、解决公众关心的问题，以及调控社会资本的回报，而社会资本负责发挥其在环保技术、管理经验和资金方面的优势，做自己擅长的“专业的事”，无论对政府、公众还是社会资本自身都是有益的。

据美国环保部门估算，环境基础设施的运营成本，社会资本要比公共部门低10%～20%。

《中国环境报》报道称，世界银行曾根据潜在市场竞争能力、设施所提供服务的消费特点、收益潜力、公平性和环境外部性等指标，定量分析了城市污水和垃圾处理相关环节的市场化能力指数。

当指数为1时，表示市场化能力很差，不宜让私人部门参与；当指数为3时，市场化能力最好，完全可以由私人部门完成。

分析结果表明，垃圾收集的市场化能力最好，为2.8；污水分散处理次之，为2.4；污水集中处理和垃圾卫生处理居中，为1.8～2.0。这一定量分析较好地说明了城市垃圾收集和处理领域引入市场机制的可行性。

具体而言，行业中的龙头企业经济和技术实力更强、管理经验更为丰富，自然抵御风险的能力更强，项目失败的概率更低。技术领先的企业还可以降低建设和运营成本，减少政府的支付费用，这一点更受到政府的青睐。

笔者在实践中发现，行业龙头企业往往是大型央企、国企、上市公司，当然也有不少实力很强的民企，尤其在建设、环保领域体现得更为明显。因此，政府往往愿意引进有实力的行业龙头企业，这样更利于项目的谈成，也更利于项目的实施。

2015年以来，上市公司纷纷赶潮 PPP概念占据风口，有多家上市公司披露了PPP项目的中标事项。

据广发证券统计，2015年以来，A股上市公司已披露的PPP项目订单达1550个，计划投资总额突破2.2万亿元，其中环保项目超过239个，总投资额超过1270

亿元。

自2014年12月财政部发文确定总投资达1800亿元的第一批PPP示范项目以来，中央关于PPP项目利好政策密集出台，PPP也成为2015年上半年环保行业的最大投资主题。

2015年上半年15家环保上市公司发布中报业绩预告，多家公司净利润大增。巴安水务和凯迪电力两家公司中报净利润同比最大增幅达100%。

碧水源7月10日公告，公司预计2015年半年度归属于上市公司股东的净利润13 589.41万元～16 307.29万元，比上年同期增长0%～20%。

碧水源表示，公司在国家节能减排政策及环保战略新兴产业的扶持政策进一步落实的背景下，较好地抓住了国家推广PPP机制的机遇，保持了持续增长的发展态势。随着公司实力的进一步增强，经营规模不断扩大及膜技术应用市场的拓展，2015年上半年销售收入保持增长，相应的业绩与效益保持了同步增长。

PPP模式在我国尚处于起步阶段，此前操作PPP项目的企业，大多为央企、国企、上市公司，这些公司大力开展PPP项目，对PPP模式的推广大有好处。同时，这些项目的成功经验对后来者更具有示范性的指导意义。

PPP模式法律文本体系

政府与社会资本合作，双方洽谈的最终结果和未来项目建设、运营、回报等的依据都需要以法律文本的形式体现。双方亦对此极为关注。因此，PPP模式的法律文本体系是业界研究的重点内容之一。

研究显示，从大的方面讲，PPP模式的法律文本体系主要由三个方面组成：基础交易合同体系、融资合同体系、协调机制。

基础交易合同体系，侧重于解决商务层面事宜，会涉及权益配置和程序性条款。

基础交易合同体系大致可以划分为三项：

一是合作框架协议。

在PPP项目初始操作阶段，作为项目的发起人，政府在对PPP项目进行可研论证后，会与有意向合作的社会资本磋商建设、投资、运营事宜，明确各方的行动指南和职责分工，其合同文本成果通常以框架协议和合作备忘录的形式确定。

由于框架协议主要是表明了政府和社会资本合作的意向，因此，具体核心内容仍以之后签订的PPP合同为准。

以下是笔者实践操作的一个PPP项目框架协议：

A县污水处理厂项目采取PPP模式框架协议

甲方：A县人民政府

乙方：H公司

甲乙双方就A县污水处理厂项目初步达成如下框架协议。

一、A县污水处理厂项目占地80亩，污水处理规模近期为6万吨/日，同时布置40公里管道。出水执行《城镇污水处理厂污染物排放标准》（GB18918-2002）中一级A标准。

二、甲乙双方拟建立PPP合作机制，一是发挥各自的优势，二是合理分配项目风险，三是有效保障双方的合法权益。相关合作细节待双方协商确定。

三、在PPP的合作模式中，甲乙双方本着合作共赢、兼顾社会效益与经济效益、方式灵活的原则，在风险分担和利益分配方面兼顾公平与效率，在设置合作期限、合作方式和投资回报机制时，统筹考虑乙方的合理收益预期、甲方的财政承受能力以及使用者的支付能力，防止任何一方因此过分受损或超额获益。

四、甲方负责A县污水处理厂项目的选址、规划、用地、环评等工作。

五、乙方出资设计、建设A县污水处理厂项目。

六、特许经营：在项目运营期，甲方授予乙方在项目运营期内相关领域的特许经营权，乙方依法享有特许经营权的收益；未经甲方同意，乙方不得擅自将特许经营权及相关权益进行转让、抵押等处置。

七、收费模式：双方合作的A县污水处理厂按政府采购服务模式收费，由政府财政列项支出，政府按照约定的价格进行采购，具体经营年限及污水处理收费价格以具有相关造价咨询资质的第三方出具的工程咨询报告为准。

就A县污水处理厂项目甲方向上级申请的专项资金，作为甲方对项目的投入，在投资回报计费中剔除。

八、在甲方通知的期限内，乙方未能签署相关协议或未能实质性推进项目，甲方有权单方面解除本框架协议；自乙方接到甲方解除本框架协议书面通知之日起，本框架协议自动解除。

九、本协议自双方签字或盖章之日起生效。本协议一式贰份，双方各持壹份。

甲方：A县人民政府　　　　乙方：H公司

签字：　　　　　　　　　　签字：

年　月　日

二是与项目建设有关的合同。

政府发布招标信息，待某家社会资本中标后，既可以总承包EPC（设计、采购和建设），也可以委托第三方建设，因此形成了工程合同、委托协议等法律文本。

三是与项目运营管理相关的合同。

政府与社会资本双方确认合作后，关于运营管理的内容、回报等会以PPP特许经营权的形式体现。此外，相关契约通常会以项目公司章程形式体现。

融资合同体系，侧重于社会资本的融资，这涉及到资本层面事宜。融资合同体系是PPP模式中一个极为重要的体系，它不仅涉及到政府与社会资本，而且涉及到第三方银行等金融机构。

通常情况下，社会资本融资能力的强弱和融资额的大小，直接关系到政府的信任和支持力度，甚至决定政府合作的意向。在实践中，政府方面通常要求完成融资交割为PPP合同生效的前置条件。

建设部公布的城市污水处理特许经营协议（示范文本GF-2006-2504）指出，协议文本规定“融资完成”指乙方（社会资本，笔者注）与贷款人签署并递交所需的有效融资文件（包括满足或放弃该融资文件要求的获得首笔资金的每一前提条件），用以证明乙方为本项目获得举债融资所需的全部交易办理完毕，同时乙方应一并收到本协议和融资文件可能要求的股权投资人的认股书（或股权出资）。

“融资文件”指与项目的融资或再融资相关的贷款协议、保函、外汇套期保值协议和其他文件，但不包括与股权投资人的认购书或股权出资相关的任何文件，或与提供履约保函和维护保函相关的文件。

协调机制主要是指基于争议的协调和解决。协调机制属于程序性内容，解决的是程序性事项，一般不涉及实体权益的配置。主要有仲裁条款、解续约程序条款、争端解决机制和再谈判条款等内容。

关于PPP合同争议的解决，比较常见的方式为仲裁或诉讼。

以下是笔者操作的一例PPP水务项目合同中有关“争议解决”的约定：

第一百四十七条　在本协议有效期限内，甲乙双方代表应至少每半年开会一次讨论供水工程的建设、运行以便保证双方的安排在互相满意的基础上继续进行。

第一百四十九条　双方同意，如在执行本协议时产生争议或歧义，双方应通过协商努力解决这种争议，如不能解决，双方同意按下述第______种方式解决（注：只能选择一种方式）。

任何一方应将该争议提交中国国际经济贸易仲裁委员会由其根据其届时有效的仲裁规则在______（注：可在北京、上海、深圳中选择）进行仲裁；或任何一方应就该争议向人民法院提起诉讼。

“物有所值”的评价将引导PPP健康发展

随着PPP模式的大力推广，各地兴起一股PPP的热潮。

根据广发证券研究报告披露，截至2015年5月底，全国22个省份公布了PPP项目推介计划，估算投资总额超过3万亿元，动辄超过千亿规模省份不在少数。不过，研究发现，许多不具备实施条件的项目也被列入PPP之中。如某地一百个PPP项目近半不符合PPP规定。

对此，财政部设“门槛”遏制地方上马PPP的冲动。2014年11月，财政部下发《PPP模式操作指南（试行）》，一个完整的PPP项目流程可以分为项目的识别、准备、采购、执行、移交五个环节，其中在项目识别环节，将进行物有所值和财政承受力评价，前者考察的是“该不该做”，后者考察的是“能不能做”。

不过，在实践操作中，笔者在与相关地方政府接洽时，地方政府对PPP项目“物有所值”的概念还比较陌生，对如何操作“物有所值”的评价更是一头雾水，不知从何入手，这是一个比较现实的问题。

然而，无论是上级部门对PPP项目的审批，还是给予PPP项目贷款的银行业金融机构，都需要PPP项目的“物有所值”评价。因此，对地方政府和社会资本而言，“物有所值”的评价都是一个亟待解决的实操难题。

据了解，从2015年上半年开始，财政部开始修订《PPP项目物有所值指引（征求意见稿）》，且这份文件和2015年4月公布的《PPP项目财政承受能力论证指引》一道，成为PPP项目准备前必须迈过的“门槛”。

通过物有所值和财政承受力评价，一方面可以控制PPP投资总规模，另一方面可以促使地方择优、有重点地推行PPP项目。

2013年11月，财政部首次提到政府采购将向实现物有所值转变。

笔者梳理文件后发现，《中华人民共和国预算法》《中华人民共和国政府采购法》《关于推广运用政府和社会资本合作模式有关问题的通知》《关于印发政府和社会资本合作模式操作指南（试行）的通知》等法律和规范性文件，都明确提出要科学规范地对政府和PPP项目进行物有所值评价。

物有所值评价是国际上普遍采用的一种评价，传统上由政府提供的公共产品和服务是否可运用政府和社会资本合作模式的评估体系，旨在实现公共资源配置利用效率最优化。

关于PPP项目的“物有所值”认定，目前无论是从政策层面，还是理论层面以及实践层面，比较一致的观点是物有所值指的是一个项目采用传统体制政府要为项目付出的代价总和与采用PPP模式政府要付出代价总和的差值，分为定性评价和定量评价。

对于PPP物有所值评价，根据笔者的了解，鉴于财政部2015年推出PPP项目物有所值评价指引文件尚未正式出台，因此，目前理论界主要的分析为：

第一，定性评价。定性评价重点关注项目采用PPP模式与采用政府传统采购模式相比能否增加供给、优化风险分配、提高运营效率、促进创新和公平竞争等，涉及到一系列的指标体系。

定性评价仅在“项目识别”阶段进行，实践中，采取专家独立打分和专家组会议评审两部评价方法，由政府本级财政部门或其委托的行业主管部门或第三方专业机构组织专家组开展定性评价，选取不少于7名物有所值评价专家，组成专家小组。专家小组至少包括工程技术、金融、项目管理、财政和法律等五个领域的专家各一名。在专家独立评分环节，设定18项指标，采用百分制评分法，最后汇总并加权计算总分。基本指标主要有全生命周期整合潜力、风险识别与分配、业绩导向、潜在竞争程度等。

如全生命周期整合潜力，主要通过察看项目计划整合全生命周期各环节的情况来评分。将项目的设计、建造、融资、运营和维护等全生命周期环节整合起来，通过一个长期合同全部交由社会资本合作方实施，是实现物有所值的重要机理。

第二，定量评价。与定性评价不同，定量评价可综合运用于项目识别、准备、采购和实施阶段。定量评价主要通过对PPP项目全生命周期内政府支出成本现值与公共部门比较值进行比较，计算项目的物有所值量值，判断采取PPP模式是否降低项目全生命周期成本。如果采取PPP模式，成本更低，则通过论证。

财政部PPP中心主任相关负责人表示，定量分析是个很难的事情，财政部推行物有所值，会先从定性分析开始，等财政部的PPP中心和国际合作的模式确定，对风险分担的概念更明确，数据和敏感性等很多问题解决后，再进行全国推开，同时作定量分析。

笔者认为，经过多年的项目实践，PPP模式在我国得到了长足发展，无论是项目数量还是所属行业都有着较为深入的发展，这为下一步PPP物有所值评价提供了重要的指引。

公开数据显示，目前我国已经实施的PPP项目达7000个以上，其中污水处理行业2000个以上，燃气行业1000个以上。而在PPP项目所处的行业，如城市水处理、垃圾处理、交通运输、电厂、学校、医院等领域都有众多成功的案例。可以说，前期累计的大量案例和资料为“物有所值”的评价和研究奠定了坚实的数据参考基础。

笔者还认为，“物有所值评价指引” 比较好地结合了定性评价和定量评价的方法，从符合社会经济效益需求的角度为PPP项目的识别、准备、采购和实施提供了一个科学论证的依据。文件出台后，将与此前财政部发布的PPP操作指南、合同指南等文件一起构成系统化的PPP操作指导文件，整个PPP运作的基本规范性文件成型，对指导我国PPP的发展具有重要的意义。

总之，从PPP模式在我国的长远发展来看，财政部适时推出“物有所值”评价体系，并将之作为PPP项目的准入门槛之一，既是完善其相关政策法规体系，也是财政部推进PPP制度环境建设的重要一环，又是满足现阶段PPP项目实施所需。PPP项目“物有所值”评价体系的推出无疑是必要的、适时的。

第5章

PPP的现实之困

PPP正成为当下炙手可热的话题。不过，现实情况却是由于缺乏操作规范、社会资本面临诸多风险等，在实践过程中很多PPP项目遭遇搁浅。目前我国推介PPP项目落地的情况并不尽如人意。那么，PPP推广慢、落地难的原因到底何在？如何使之做到最好呢？

PPP项目落地之“坎”

自2014年以来，国务院以及相关部委在PPP方面密集出台了多项政策文件，以推动、引导PPP项目实施。此举得到了各级地方政府的积极响应，并纷纷推出PPP示范、试点项目。

PPP项目热潮一浪接一浪。

2014年12月4日，财政部与发改委在各自官网发布《政府和社会资本合作模式操作指南（试行）》和《关于开展政府和社会资本合作的指导意见》，分别从政策层面和实际操作上对PPP项目予以指导。

2015年1月19日，财政部发布通知，进一步规范PPP项目的合同。当日，发改委也公布了关于《基础设施和公用事业特许经营管理办法》，公开征求对PPP项目的意见。

2015年5月26日，发改委首批公布1043个、总投资额达1.97万亿的PPP项目。与此同时，江苏、安徽、湖南、河北、河南等省份PPP项目推进速度不断加快，动辄计划引资千亿元的省份不在少数。如江苏公布了107个项目，涉及总投资1217.41亿元。新疆批准并公布首批53个引入社会资本的示范项目，预计投资2083亿元。

然而，热潮之下，PPP项目却因方方面面的原因难以落地。从全国各地公布试点的PPP项目来看，项目进展参差不齐，仅有少部分签约。有的省份提出的PPP项目数量多、投资大，但恐怕还有不少的项目不具备实施的条件。

民生证券研究院发布的一份报告称，2014年9月之后，全国34个省市区地方政府推出了总额约1.6万亿元的PPP项目，但真正签约的约为2100亿元，仅占总额的八分之一。

公开消息显示，财政部2014年12月4日公布的30个PPP示范项目，截至2015年2月底，两个项目签约，均为污水处理项目，即池州市的污水处理项目、南明河水环境综合整治二期项目。两个项目引入的社会资本方分别为深圳水务和中信水务，前者是地方国企，后者是央企。但后一个项目是财政部示范名单发布前就已经签约的，即国家试点的PPP项目真正签约的，有且只有一个。

截至2015年4月，签约的项目约为3350亿元，占总额的1/6。在未签约项目中，主要为交通设施、社会事业、水利工程、污水处理和垃圾处理等项目。这一结果与笔者在实践操作中的体会基本一致。

概括来说，交通设施投入大、水利工程投入大，社会资本比较慎重，而垃圾处理由于各地方经济情况不够发达、人口也达不到一定的规模，垃圾处理（主要是焚烧、发电）条件还不完全成熟。尤其是一些县级城市，多年实行的垃圾填埋造成环境压力大，再加上经济和人口增长，垃圾量不断攀升，地方政府引入社会资本进行垃圾处理的意愿相当强烈，但社会资本主要考虑到垃圾量不够（依笔者的经验，基于经济发展程度的原因，与发达国家的垃圾相比，我国相当一部分地方的垃圾含水量大，热值不高，通常情况下，一个县级城市每天至少有300吨的垃圾量才能实现垃圾处理项目的盈亏平衡），因此对垃圾处理PPP项目感兴趣，但仍然十分慎重，因此进展不快。

那么，国家大力推广的PPP项目签约率低、落地难的原因到底何在？

财政部相关负责人表示，从各地反馈的情况看，推广PPP面临六大困难：

第一，观念认识转变难。部分地方认识不够全面，把思想局限在缓解债务压力上，将推广PPP当做又一次“甩包袱”。面对这一创新理念，部分地方甚至在推广PPP中存在畏难情绪。

第二，规范推广运用难。在当前财政收支矛盾较为突出的情况下，一些地方将PPP简单等同于新的融资渠道，通过明股实债等方式进行变相融资，将部分项目包成PPP模式。

鉴于此，财政部发文阐述PPP的深层次意义。2015年6月26日，财政部印发了《关于进一步做好政府和社会资本合作项目示范工作的通知》，其中明确规定，严禁通过保底承诺、回购安排、明股实债等方式进行变相融资，将项目包装成PPP项目。《关于进一步做好政府和社会资本合作项目示范工作的通知》的出台表明财政部对PPP项目的要求正越来越严格。

第三，社会资本寻求难。社会资本特别是民营企业，参与PPP项目的积极性不高，主要是个别地方政府契约意识薄弱影响了社会资本积极性。

第四，工作协调推进难。相关部门在项目立项、规划等方面，形成了固化的行业运作思路和习惯，PPP作为一项体制机制创新，实施时难度和阻力很大。

第五，操作实施过程难。地方政府和项目实施机构既缺乏真正熟悉政策和业务的人员，又缺乏PPP项目运作经验，操作能力相对不足，在项目谈判的过程中，甚至难以与社会资本（特别是境外资本）“在一个平台上对话”。

目前，国家财政部已成立PPP中心，在PPP政策制定、宣传培训、统筹引导等方面发挥了重要作用，PPP在国内的较快发展与国家层面PPP专门机构的成立与推动密不可分。不过，在各地方政府层面，机构建设工作参差不齐，大部分省、市（包括地县两级）均没有设置专门机构，很多省市设立了临时机构（如PPP工作领导小组、工作小组等）。

在PPP实践中，笔者发现各地对PPP的理解各异，在实际操作PPP项目时更是一头雾水、无从下手，这不利于PPP的可持续发展和PPP项目的顺利推进。

第六，融资渠道通畅难。目前，PPP项目融资主要依靠银行贷款，银行对项目资本金比例要求较高并需提供担保，融资成本较高。

PPP落地难的多方因素

笔者认为，PPP项目落地难的主要原因有以下几方面：

第一，顶层设计仍有待提高。

自20世纪90年代以来，我国在基础设施领域一直在探索PPP模式，但由于法律法规缺位和制度建设滞后，很多类似项目在利益分配、风险分担、政府监督等核心环节上陷入“形似而神不似”的怪圈。

目前我国已开始大力推广PPP项目，而且中央高层已经从顶层开始设计PPP项目的推广和落实，从法律、政策、示范项目、资金支持统筹安排综合考虑，但毕竟大力推广PPP模式的时间并不长，因此还存在着方方面面的不足。当前我国缺乏一套针对PPP的完整的法律法规体系，现有规定法律效力不高，财政部发布了操作指南，发改委颁布了指导意见，但仍局限在部委的层面。

财政部是本轮PPP热潮的倡导者，其一直积极推动PPP理论的推广和实践的推进，财政部在全国范围内组织了多次PPP培训，成立了PPP中心，并起草了多个指导性文件，发布了二批PPP示范项目。

此外，财政部与发改委均有意统筹规划PPP项目，但在不少细节上仍有一定出入，两部委的规定在项目运作方式、项目实施机构、采购依据、采购方式等方面也有差别，一定程度上会让参与者无所适从，这从政策层面不利于PPP项目的开展与推进。

研究认为，PPP不仅是一种投融资模式，更是一项涉及到政府、社会资本、金融机构以及社会公众等多方利益的系统工程，如果没有系统全面的法律法规作支撑，各方利益将很难得到有力保障，PPP将很难快速得到推广。

第二，PPP项目投资回报率低而社会资本融资成本太高，社会资本综合测算后热情降低，遂打退堂鼓。

实践操作中，一般情况下，PPP项目的投资回报率每年8～10%，大约10年左右收回投资。特许经营期长达10年至30年，在收回投资后的后10～20年纯收益。

从表面上，这样的投资模式似乎很可观。事实却是社会资本与政府签订PPP项目后，由于项目规模大，社会资本自身实力有限，也需要找银行贷款（如果不是PPP模式，则是政府找银行贷款进行建设。PPP模式实现了贷款主体的转移，即由政府转向社会资本）。但现实情况却是，商业银行中长期贷款一般为5年，很少有贷款期限长达30年的，这需要社会资本以其他方式高息融资，这无疑大大增加了社会资本的融资成本，降低了自身的投资收益。

而即使商业银行提供长期贷款，利率也让社会资本忘而却步。下表所示为近年来商业银行的中长期贷款利率表。

表5-1　近年来商业银行的中长期贷款利率

序号	日期	中长期		
		一年至三年（%）	三年至五年（%）	五年以上（%）
1	2015-06-28	5.25	5.25	5.40
2	2015-05-11	5.50	5.50	5.65
3	2015-03-01	5.75	5.75	5.90
4	2014-11-22	6.00	6.00	6.15
5	2012-07-06	6.15	6.40	6.55
6	2012-06-08	6.40	6.65	6.80
7	2011-07-07	6.65	6.90	7.05
8	2011-04-06	6.40	6.65	6.80
9	2011-02-09	6.10	6.45	6.60
10	2010-12-26	5.85	6.22	6.40
11	2010-10-20	5.60	5.96	6.14
12	2008-12-23	5.40	5.76	5.94
13	2008-11-27	5.67	5.94	6.12
14	2008-10-30	6.75	7.02	7.20
15	2008-10-27	7.02	7.29	7.47
16	2008-10-09	7.02	7.29	7.47
17	2008-09-16	7.29	7.56	7.74
18	2007-12-21	7.56	7.74	7.83
19	2007-09-15	7.47	7.65	7.83
20	2007-08-22	7.20	7.38	7.56

此外，出于自身风险因素考虑，银行还需要社会资本对贷款进行抵押、担保。

综合测算下来，加上银行利息、担保费用以及财产抵押，在不考虑PPP项目运营风险、政府支付风险的情况下，社会资本每年收益不超过1～2%。如果投资回报率低于每年8%，则需要更长的时间才能收回投资实现盈利。

PPP项目的投资大，再加上项目盈利能力差，社会资本投资的积极性当然不高。因此，PPP项目的投资回报率普遍不高，对社会资本吸引力不大。

第三，PPP项目本身盈利问题。

目前在一些PPP项目中，很多的项目如河道治理没有经营性收入，社会资本担心没有收入来源而完全依靠政府财政支出风险过大。

我国PPP项目主要还以用户付费的BOT模式、TOT模式为主，要求项目运营能够产生稳定的现金流。但在部分地区尤其是经济不发达的地区，用户付费很难产生较大现金流，政府补贴压力较大，客观上限制了PPP的发展。

为加快推广PPP项目，政府倾向于将项目以“打包”的方式与社会资本合作，其中土地便是一个重要的砝码，即政府将闲置的土地作为未来支付不够的抵押。

这就涉及到一个现实的问题：首先，并非所有的社会资本都愿意收储大量土地，收储土地的目地应是为将来土地开发和房地产开发。但并非所有的社会资本都擅长或有实力进行土地开发和房地产开发。所谓隔行如隔山，专业做环境治理的公司未必适合做土地开发和房地产开发。其次，房地产市场的高速发展期已过，当下房地产已经进入一个历史性的拐点，受到短期信贷因素、中期库存因素和长期人口因素的三重压力，房地产作为拉动内需的主要引擎的时代已经结束（这一点在本书第二章已有详细论述）。

下面是笔者曾经实践过的一例水处理加土地开发的项目。

S市有四条河，历史悠久，贯穿核心城区，与整个城市生息相连。为提升S市区的品质与价值，增强居民的幸福指数，S市政府准备对现有的环境处理设施及四条河进行提标改造，最终实现S市与投资企业的共赢。

S市的初步思路为：打通城市生态水系，以污水就地处理方式补充河道，降低水源成本及运行成本；维持水系生态平衡，完善河道硬件水利设施；全水系环境及水利监测，打造环境智慧城市；挖掘水系沿岸商业价值，依河道建立开放式休闲公园，大力提升周边土地及商业价值。

项目的具体内容与实施为H公司投资S市的水务项目，包括自来水、污水、污泥处理、河道治理的综合水环境服务。投资合计20亿元。

起初，S市计划以项目收益以及等值土地（约500亩）进行回报。

最终考虑到公司并不擅长土地开发，投资20亿元风险太大，H公司决定重点针对自来水、污水处理等项目进行投资。总投资缩减为10亿元，而项目投资回收为：自来水供水、污水处理、污泥处理等具体项目的运营服务收费，部分不足费用由政府采用专项补贴的形式补足。

此外，操作不合法也是阻碍PPP项目签约率低、落地难的重要原因。比如约定通过土地出让金的一定比例来支付资本金回报，这就违背了出让金支付管理规定，导致无法操作。还有的地方约定低价将土地出让给社会资本，这违反了土地招拍挂规定，最后导致项目因违法违规而流产。

不过，随着PPP项目的逐渐推广，地方政府和社会资本对PPP项目有越来越深入的理解，操作不合法的情况越来越少见。

第四，回款风险问题。PPP项目回款存在较大风险，这也是社会资本重点考虑的。

PPP项目的收费机制包括三类，一是完全依靠项目用户付费（如供水、燃气项目），二是完全由政府支付服务费用（如市政道路、排水管网、生态环境治理项目），三是部分来自项目用户付费并由政府提供缺口补贴，以保障项目财务可行性（如污水处理项目、垃圾处理项目）。

如果PPP项目属政府付费或由政府提供缺口补贴，政府有没有可以确信的付费能力？如果是使用者付费的，回款是否具有持续性？项目回款的风险分配合不合理？总之，对社会资本而言，PPP项目风险比较大，这部分内容将在本书第五章重点阐述。

故事：“恋爱”容易“结婚”难

一方是面临高额债务急需寻求资金相助的地方政府，一方是宏观经济不容乐观的背景下欲寻求好的投资机会的社会资本。一个想“娶”，一个欲“嫁”。应该说，在双方合意的情况下，两方先“恋爱”再“结婚”，是一个水到渠成的过程，也是一件皆大欢喜的事情。然而，对社会资本而言，与政府合作PPP项目，可以说是“恋爱”容易“结婚”难。

从事公路建设近20年的丁明宇（化名）的故事颇有代表性。

1996年，学习道路交通专业的丁明宇大学毕业后被分配到国内一家大型的建设企业，经过几年的磨练后，丁明宇对公路建设从设计到施工、运营整个业务流程都了如指掌。

2001年，已经成为项目经理的丁明宇果断下海，在亲戚朋友的帮助下开了一个建筑公司。

经过十多年的摸爬滚打，丁明宇的公司越做越大，业务涵盖公路设计、建设和运营，市场还拓展到华北、华中和华南。

从2014年下半年开始，政策意识和市场意识都非常强的丁明宇敏锐地感觉到PPP项目将在未来几年内十分火热，于是决定重点拓展PPP市场，以便在目前不温不火的公路建设市场开辟出一片新天地。

凭借丁明宇的公司实力和信用，丁明宇还获得了国内一家金融机构高达10亿元人民币的授信。按照公司规划，丁明宇最近二三年将投资五六个项目，投资额约为30亿元。

然而，事情并非像丁明宇想象的那么美好。

在半年多的时间里，丁明宇与十多个包括地、市、县在内的地方政府进行了密切的接触，结果均只“恋爱”不“结婚”。

现在想起来，丁明宇都有些无可奈何。

几乎每到一个地方政府，丁明宇一行都受到高规格的接待：先是政府办人员引荐丁明宇一行与政府项目主管部门接洽，接着便是深入的项目调研，然后是副县长、副市长甚至是地方一把手亲自出面洽谈，表达进行PPP模式合作的诚意，最后便是实质性的讨价还价阶段。

“说实话，刚开始看起来一切都很美好，地方政府都把PPP项目夸成一朵花，希望与我们进行合作。”丁明宇说，“我们也打算在这方面进行投资，当然也愿意和政府合作，拿下好的项目。”

然而，在经历了“恋爱”阶段后，双方却一直无法达到“谈婚论嫁”的地步。

对此，丁明宇总结说，这中间的原因很复杂，既有政府方面的原因，也有项目本身的原因，也包括投资方自身的不足。“最最关键的，是政府与社会资本的期望值不一样，无法形成交集。进一步讲，就是政府与社会资本对PPP的理解不一样，或者说不在一个平面。”

“对于PPP模式，很多地方政府并没有科学的理解和认识，有的认为这不过是过去地方政府借债投资的变体。因此，在PPP项目的落实上，部分地方政府还是没有用市场化的思维去思考，这样导致双方在一起商谈的时候，就不在一个平面上。”丁明宇举例说，有个地方政府在和自己谈一条公路建设的时候，仍以过去行政的思维和意识与自己洽谈，在谈判中设置过多门槛，这让自己很不舒服，感觉对方诚意不足，PPP项目风险太大。

“如果两个人在一起‘恋爱’，一方总是对另一方挑三捡四，不是平等的关系对话，今后能‘结婚’吗？”丁明宇分析，“就是将来勉强‘结婚’了，也少不了磕磕碰碰、闹矛盾，日子也不好过。因为两个人对在一起‘过日子’的基本出发点就存在着相当大的差异。”

“在期望值方面，政府和社会资本存在着较大的差异。”丁明宇说，“有的地方政府将目标过多地集中于引进资金、解决政府资金不足的问题。而对项目的整体风险、可行性和安全性缺乏科学的研究，在投资回报方面也不愿参考社会标准。作为社会资本，其投资的目的就是为了较大的收益，否则为什么冒这么大风险做投资？”

丁明宇解释说：“其实这种想法既是对投资方的不负责，也是对PPP项目的不负责。因为如果投资方真的贸然投资项目，未来在遇到各种风险时无法克服，后续资金接不上，最终投资以失败告终，项目也会成为烂尾工程。这样的例子不胜枚举。”

此外，让丁明宇担心的是，部分地方官员只对自己任期负责，这让作长期投资准备的他不寒而栗，“与其提心吊胆地合作，不如趁早取消投资，以免给自己公司的发展留下后患。”

“只有深入下去，多方面了解了项目的收益和风险，才能真正理解PPP项目的内涵。”丁明宇说。

有个别地方政府为加快地方基础设施建设，不顾实际情况与社会资本方签订一些脱离实际的合同以吸引投资。而当项目建成后，政府却由于财政困难等原因难以履行合同义务。

不过，在地方政府看来，“恋爱”的双方之所以迟迟不“结婚”，责任也全不在一方，即地方政府。

现实情况是，在地方政府项目招标时，有些社会资本看似很踊跃，对参与PPP项目非常积极，但很多企业存在技术不成熟、资金实力不够雄厚等问题。

地方政府急着上项目，却苦于手中没钱。一般情况下，社会投资者希望获得短平快的收益，二三十年投资期时间太长，无法预期的风险太大。所谓心急吃不了热豆腐，无论是作为地方政府还是社会资本，都不能太急了，都需要做好基本功课。

事实上，一个完整的PPP项目，从立项到准备，一般需要花费一年左右时间，最快的也要半年时间。按照财政部《关于印发政府和社会资本合作模式操作指南（试行）的通知》（财金〔2014〕113号）的要求，一个完整的PPP项目分为项目识别、项目准备、项目采购、项目执行和项目移交五大阶段，任何一个环节都不能减少。

部分地方政府列出的项目没有经过科学论证，对于是否有必要建，是否适合用PPP方式做，这些基础性的问题还没搞清楚。因此，PPP项目对政府提出了综合性的要求，要有施工、财务、运营、法律等多方面的专业了解。

而PPP项目如何实施和运营，只有充分评估以后，社会资本才会真正下定决心和政府合作，这需要一定时间，政府要保持足够的耐心。

政府在选择合作伙伴时，不可急于求成，应当充分重视社会资本的资金实力、技术实力和管理能力。

就笔者实践经验来看，社会资本的资金和技术实力一般都比较突出，管理能力也大多很强。而部分地方政府对PPP缺乏正确的认识，主要表现在不少人认为PPP不过是一个融资方式，就是利用社会资本解决政府资金短缺的问题。

事实上，PPP不再是传统意义上的融资方式，其严格来说更是一种政府新型的管理模式，政府通过这种管理模式为公众提供更高效和更优质的公共产品和服务。换句话说，我国采用PPP模式的目的不仅仅是为了借社会资本帮助地方政府进行基础建设和社会公共服务事业，还需要得到一个与此项目工程相关的高质量的公共产品和服务。而如果匆忙选择合作方，选择与资金不足或经验不足的社会资本合作，势必为未来的项目工程建设和管理埋下隐患，未来会有各种麻烦和纠纷，地方政府和社会资本双方陷入无休无止的扯皮和纠纷中，最后双方弄得筋疲力尽，两败俱伤，这方面失败的先例并不在少数，所谓提高项目运营效率、提高社会公共服务质量也就成为空谈。

PPP热潮之下难掩资金不足的问题

通常情况下，PPP项目都是基建和社会公益类项目，工程量大，投入资金多，动辄上亿元甚至上10亿元、几十亿元，大的项目更是高达百亿元。像国家体育场投资额30多亿元、北京地铁4号线150多亿元……

虽然国内外不乏中信集团这样的投资巨无霸，也不缺乏大型国企、民营、外资公司乃至上市公司，但相对来说这样的公司毕竟少之又少。研究显示，在A股2000多家上市公司中，环保类的上市公司不过百家。面对数以千计的PPP项目，这些公司不可能有实力全部拿下，更不可能有精力来操作。

总之，数以千计的PPP项目，最后还是得由绝大多数的普通社会资本来“分羹”。

然而，现实情况却是，广大社会资本虽然对PPP项目有着浓厚的兴趣，却常常面临自有资金不足的问题，而去找银行寻求支持却屡遭碰壁，这让社会资本颇有“望洋兴叹”之感，因此大大阻碍了PPP模式的推广。

2015年6月，有媒体曝出一则新闻《银行怎么看PPP项目：需满足20多项条件才给贷款》。

报道称，一份国有商业银行的贷款审批意见书显示，针对PPP的不同模式，比如BOT、TOT等，银行有不同的贷款要求。一个PPP项目想要顺利获得银行贷款，需要满足包括所处区域、还款来源、资产负债率、实收资本以及现金流等在内的20多项条件。

在办理PPP项目融资贷款时，首先根据项目所处区域的不同安排了不同级别的办理方式。比如项目位于直辖市、省会城市、计划单列市的，可直接办理；项目位于地级市的，则有两种情况。对于还款来源是政府支付为主的，要综合考虑地方财政收入、GDP、地方政府负债率等因素，地方财政一般预算内收入须在15亿元（含）以上，且GDP在200亿元（含）以上。对于还款来源是使用者付费为主的，除上述条件外，还追加了地方社会商品零售总额需在80亿元（含）以上。

而对于项目位于县域地区的，地区条件则需要满足地方财政一般预算内收入10亿元（含）以上，且GDP100亿元（含）以上。

银行对于PPP项目公司，即贷款主体的条件更严格，比如要求项目公司为在该银行信用评级10级（A）及以上的大中型企业客户，资产负债率不高于75%，实收资本在3000万元及以上。其他条件则包括：借款人的经营期限或存续期限应长于贷款期限，在该银行开立基本结算账户或一般存款账户等。

对于项目本身，银行的基本要求是符合政府法规的要求。要求符合财政部、发改委等相关政府部门的相关制度规定，符合国家产业、土地、环保等政策，符合土地利用总体规划、城乡规划、土地利用年度计划等规定。按规定履行了项目的合法管理程序，并取得相应的批准（审批、核准、备案）文件。

意见书还显示，银行对项目收益的条件有严格规定。

以现金流为例，贷款意见书要求，城市基础设施和公共服务项目需要经营性现金流稳定，项目使用者付费及政府付费获得的收入，要能全额覆盖贷款本息。而且，涉及使用付费者为公众，如果项目未通过价格听证机制，应追加有效抵押担保方式；若项目在完工后无法通过价格听证的，应立即停止放款，同时要求客户立即偿还贷款本息和有关费用。

报道最后指出，政府希望加速PPP项目融资的热情，碰上了银行贷款审查的“铁门”，谁应该做出改变？

笔者认为，“经营性现金流稳定”“项目使用者付费及政府付费获得的收入，要能全额覆盖贷款本息”“价格听证机制”等关键性的要求，对需要融资与政府合作PPP项目的社会资本来说无疑是巨大的挑战。

以上述“经营性现金流稳定”为例：

首先，城市基础设施和公共服务项目，很少有经营性现金流稳定的。以笔者的从业实践来看，像河道治理、污泥处理、垃圾焚烧等PPP模式的主要领域，很少有稳定的经营性现金流的，这些项目主要是依靠政府的财政补贴。

2014年12月4日，财政部下发的《关于推广运用政府和社会资本合作模式有关问题的通知》中，对PPP示范项目划定了大致的范围：适宜采用PPP模式的项目，具有价格调整机制相对灵活、市场化程度相对较高、投资规模相对较大、需求长期稳定等特点。重点关注城市基础设施及公共服务领域，如城市供水、供暖、供气、污水和垃圾处理、保障性安居工程、地下综合管廊、轨道交通、医疗和养老服务设施等，优先选择收费定价机制透明、有稳定现金流的项目。

上述领域中，如供水、供暖、供气、污水、轨道交通等，属于有一定经营收益和现金流，但各地公布的PPP示范项目中更多的还是其他无收益项目。

其次，有稳定经营性现金流的PPP项目，主要是城市供水、污水处理等，但僧多粥少，竞争激烈，并非所有的投资者都能拿下项目。或者说，不是一般的实力的竞争对手，根本不可能拿下这样的PPP项目。

事实上，笔者在与地方政府接洽时，有地方政府工作人员就明确表示，目前供水、污水处理有稳定的现金流和收益，社会竞争比较激烈，其他的项目则表现一般。

笔者在对操作华北某县的一起污水处理项目时，就有多达十余家大型企业同时竞争这个项目，其中不乏国内龙头企业和上市公司。

再次，即使像供水、污水处理等具有稳定经营性现金流的项目，项目投资往往非常巨大，如一个供水厂一般投资都在2亿元以上，需要十多年才能回收投资。而如果供水涉及到引水工程，投资很可能达上10亿元。事实上，目前很多的供水工程都是新建和改造工程，往往都涉及到水库引水等，项目加起来都在10亿元以上。

以笔者实际操作的一个综合水处理项目为例。某县城区供水项目及引水工程于2013年7月完工，项目投资5亿元；自来水厂新建工程投资额2亿元。县河道整治及周边开发项目规模约4亿元。项目共计11亿元。

再比如一个普通的日处理4万吨的污水处理厂，加上外管网，投资至少也在1亿元以上。

相比较而言，面对巨额的投资，即使有“稳定经营性现金流”，也很难满足“项目使用者付费及政府付费获得的收入，要能全额覆盖贷款本息”，更甭说程序严格、极易引发社会关注、具有很大不确定性的“价格听证”了。

此外，银行贷款对PPP项目现金流的测算非常繁琐，对未来的收益测算，不可预计因素太多。

笔者还了解到，上述国有商业银行的贷款审批意见书认为，这些贷款条件只是对PPP项目的最基本原则性要求。

在一些PPP专家看来，商业银行对PPP项目贷款过于苛刻的条件，实际上代表的是商业银行对PPP项目融资的观望态度。

如果说“经营性现金流稳定”“项目使用者付费及政府付费获得的收入，要能全额覆盖贷款本息”“价格听证机制”等只是上述这家商业银行对PPP项目贷款的原则性要求，那么关于贷款的实质性要求“担保”更引发业界的关注。

同样在这份银行贷款意见书中，对项目本身的资本金比例提出了要求，一般不低于项目总投资的30%，根据在银行的信用等级最低可降至20%。其中，银行总行级战略客户集团及其信用等级较高的成员企业，以及信用等级较高的总行级主办银行客户，项目资本金比例不低于25%。而对国家有明确规定项目资本金可降至20%的项目，一般客户的项目资本金比例也不能低于25%，只有战略客户集团及其信用等级较高的成员企业、信用等级较高的总行级主办银行客户项目资本金比例才能是不低于20%。

客观地说，PPP项目20多项贷款条件，反映了银行高度的风险意识，也是其现实需要：

第一，PPP项目的融资一般都是基于项目载体，而大部分项目载体属在建项目，其固定资产既不是很充分，也无法抵押（很多项目在建设完成前，没有经过各项评价和验收，不可能获得相关证件）；另外项目公司股东和合作方政府一般也不会提供全额担保。

现实情况是PPP项目对项目公司而言同样存在较大的风险，如政策法律风险、运营风险、支付风险等，因此，股东一般不会提供全额担保。而作为政府一方，在其土地财政困难、给投资者支付较高回报的情况下，一般也很难或不愿提供全额担保。

笔者在运作PPP项目的过程中，不仅商业银行对PPP项目风险意识很强，而且项目公司的股东方和合作方政府的风险意识也很强，他们在涉及到贷款担保时，都非常慎重，顾虑颇多。

第二，PPP项目使用的都是长周期的资金，贷款期限至少在10年以上，最高期限长达30年，银行认为风险太大。研究发现，银行不愿向PPP项目融资的一个重要原因在于银行面临着期限错配。由于PPP项目大多涉及基础设施建设和公共服务领域，融资周期一般8到10年，最长达30年，较一般工商企业贷款更长，而商业银行则主要是以中短期贷款为主，一般为3至5年。作为金融企业的银行，关注自身风险是其稳健发展的必然需要，在金融机构参与PPP项目仍然还不太明晰的当下，金融机构对项目贷款自然存有顾虑。

据了解，国家发改委联合国开行已印发《关于推进开发性金融支持政府和社会资本合作有关工作的通知》，由国开行对PPP项目提供利率优惠，最长可达30年贷款期限等方面的差异化信贷政策，但在商业银行政策方面尚无文件出台。

调查发现，全国各地公布的PPP项目进展参差不齐，共同点即是资金筹集不够。由于贷款等资金占项目总投资的比例高达70%至80%，项目融资的成败对于PPP项目具有决定性影响。

仅有项目，没有资金，PPP项目要落地也不现实。

因此，要解决PPP贷款审批、让金融助力PPP的发展还需要信贷监管等方面的改革，尤其是需要对商业银行政策进行改革，对银行贷款产品设计要尽快创新，在利率方面对PPP项目给予优惠等。

论PPP项目的风险防范

由于PPP项目投资大期限长，各种不确定性大，怎样合理防范风险、筛选社会资本、盘活项目资金、形成退出机制，是其今后能否健康发展必须重点思考的问题。

财政部《关于印发政府和社会资本合作模式操作指南（试行）的通知》（财金〔2014〕113号）规定了风险分配基本框架。按照风险分配优化、风险收益对等和风险可控等原则，综合考虑政府风险管理能力、项目回报机制和市场风险管理能力等要素，在政府和社会资本间合理分配项目风险。原则上，项目设计、建造、财务和运营维护等商业风险由社会资本承担，法律、政策和最低需求等风险由政府承担，不可抗力等风险由政府和社会资本合理共担。

笔者认为，PPP项目的风险识别与合理分配是成功运用PPP模式的关键，在特许经营协议设计中应当权责对应地把风险分配给相对最有利承担的一方。

第一，政府决策失误防范。从政府决策部门来讲，国务院办公厅、国家财政部、发改委相继以单独或联合的名义对外发布支持PPP发展的文件，顶层设计逐渐完备。作为地方政府，要深刻理解我国大力推广PPP的战略意图，积累PPP的运作经验和能力，为PPP项目洽谈、未来社会资本的进驻打下坚实的基础。

第二，法律政策变更防范。关于法律变更对项目影响的界定、法律变更后果的承担及处理措施，特许经营协议一般要作出约定。法律变更条款的具体设计，可能会影响项目原定收费模式、运营质量标准等。因此，应该在特许经营协议中明确政策法律变更情况下的救济措施，如调整价格、现金补偿、延长特许经营期限、提前终止等。

第三，公众反对防范。政府和社会资本方的合作在建设基础设施与公共服务事业、提高公众生活水平方面发挥了重要作用。如果遇到公众反对的PPP项目，一方面，需要政府在前期进行大量宣传、沟通反馈，消除公众疑虑，做到信息公开透明；另一方面，社会资本方在建设过程中尽可能维护当地社区环境，大幅减少施工过程中产生的空气、噪音污染，以维护项目周边自然环境。

第四，政府信用防范。PPP不仅仅是一个新融资模式，还是管理模式和治理机制的创新，其稳妥发展需与政府契约精神相辅相成。有些社会资本方对地方政府的信誉问题心存疑虑。

PPP模式的本质是一种基于合约的政府和社会资本合作过程，双方的权利、义务、风险分担、利益补偿等均以合同明确。从国际经验看，政府和社会资本双方都诚实守信、认真履约，是顺利开展PPP项目的前提和基础，也是大力推广PPP模式的重要保障。

第五，融资防范。融资是PPP项目贯穿始终的一个极为重要内容，这个过程全部以社会资本为主体进行操作，风险也完全由社会资本承担。因此，对是否介入一个PPP项目，社会资本应该有充分的评估，必须要有充足的资金作为保障。社会资本如果介入PPP项目后没有充足的资金作为保障，不仅自身会受到很大的损失，也会使政府进退两难，双方会陷入麻烦和纠纷。

融资对项目费用大小影响极大。总的来说，融资应分步进行，否则会大大增加融资成本。在约定贷款价格时应预期利率和通胀的波动对成本的影响。如果是引入外资的PPP项目，还应考虑货币兑换问题和汇率的预期。

第六，市场收益不足防范。PPP项目的收费、付费条款主要包括项目收费对象、收费模式、计价及计量标准。

一般而言，社会资本自行向项目终端用户收费，政府不太可能提供保底担保。同时政府会依照《价格法》等法律法规掌握调价主动权，增大项目的收费风险。鉴于此，社会资本需尽可能要求政府承担一定保底责任，并将政府付费列入地方政府财政预算；其次详尽约定政府保障收费来源的措施及违约补偿机制。如果能够要求政府再提供担保公司担保或土地权利担保，则社会资本能大大降低投资风险。

此外，为避免特许经营期内政府批准第三方在特许经营范围内投资、建设、运营其他与原有PPP项目具有直接竞争关系的项目，导致项目收益无法保障，社会资本需要强调在特许经营协议中设置排他性条款，限制或禁止其他同业竞争项目，以排除潜在的同业竞争风险。

笔者在实践操作PPP项目的过程中，与政府的特许经营协议都会明确禁止性条款，排除第三方同业竞争。

第七，不可抗力防范。在特许经营协议中，应明确不可抗力的定义和范围，以及不可抗力的处理程序，这对地方政府和社会资本而言都比较公平。

以下是笔者操作的一个PPP项目，合同中关于“不可抗力”的约定为：

一、不可抗力

不可抗力是指在签订本协议时不能合理预见的、不能克服和不能避免的事件或情形。以满足上述条件为前提，不可抗力包括但不限于：

（1）雷电、地震、火山爆发、滑坡、水灾、暴雨、海啸、台风、龙卷风或旱灾；

（2）流行病、瘟疫爆发；

（3）战争行为、入侵、武装冲突或外敌行为、封锁或军事力量的使用，暴乱或恐怖行为；

（4）全国性、地区性、城市性或行业性罢工；

（5）由于不能归因于甲乙方的原因引起的污水处理工程供电中断。

二、积极补救不可抗力的义务

（1）尽快向对方通告事件或情况的发生，对事件或情况的预计持续时间和其在本协议项下履行义务的可能影响作出估计；

（2）作出一切合理努力以继续履行其在本协议项下的义务；

（3）尽快采取行动纠正或补救造成免于履行义务的事件或情况；

（4）作出一切合理努力以减轻或限制对对方造成的损害；

（5）将其根据上述（2）（3）和（4）段采取的行动或行动计划定期通告对方，并在导致它免于履行义务的事件或情况不再存在时立即通知对方。

三、不可抗力的处理程序

不可抗力事件发生后，双方应本着诚信平等的原则，立即就此等不可抗力事件进行协商。

（1）如果双方在7日内达成一致意见，继续履行在本协议项下的义务，则甲方（此处指地方政府，下同）应按照规定向乙方（此处指社会资本，下同）进行补偿。

（2）如果双方不能够在上述7日期限内达成一致意见，则任何一方可送达终止通知。

四、费用

发生不可抗力事件时，任何一方必须各自承担由于不可抗力事件造成的支出和费用。乙方因不可抗力造成的损失，应由保险获得补偿，甲方可依不可抗力造成的时间损失给予延期并相应延长特许经营期。

五、不可抗力造成的终止

如果任何不可抗力事件阻止一方履行其义务的时间自该不可抗力发生日起连续超过7个工作日，双方应协商继续履行本协议的条件和重新履行本协议的时间。如果自不可抗力发生后7个工作日之内双方不能就继续履行的条件和时间达成一致意见，并且该不可抗力事件如果不能一致解决将会对项目的顺利进行造成实质性影响时，任何一方均可以按书面通知另一方终止本协议。

第6章

PPP模式是一个制度设计

PPP模式的兴起虽然源起于政府资金困难，但其绝不是仅仅解决政府资金缺乏的问题。说到底，PPP模式不光解决的是钱的问题，更深远的目标还是解决长远机制的问题。

风险共担下的共赢机制

土地财政难以为继、地方债务受到控制，这大大促进了PPP模式的快速发展。但资本是逐利的，项目投资回报周期动辄十余年甚至二三十年，因此必须形成既符合社会资本利益最大化、又符合公共财政社会效益最大化的双赢机制。

笔者认为，优秀的PPP项目，应是政府和企业之间的婚姻而不仅是婚礼。婚姻意味着责任和义务，意味着风雨同舟、荣辱与共，而婚礼则只重视仪式本身，并不关注未来如何过日子。

PPP项目是长期的合同，而且很专业。PPP模式是公共部门与社会资本的合作，合作的目的是提供包括基础设施在内的公共产品或服务。要强调利益共享，也要强调风险共担。PPP项目最核心的就是要讲求公允和平等互利，讲求风险共担、利益共享，如此才能走得长远。

PPP模式良性运行的前提，即风险共担、利益共享。PPP不单单是政府一家的事情，也不仅仅是社会资本一家的事情。建立合理公平的风险分担机制，原则是应该让更有能力、更有优势的一方承担相应风险，每一种风险都由最善于应对该风险的合作方承担，这样才能实现整体风险的最小化。

根据风险的性质，政策风险应由政府来承担，市场风险则主要由企业承担。原因在于政府部门对政策风险、法律变更的承受能力强。而企业作为市场的主体，有着丰富的技术、管理经验，应对市场的能力要比政府强。

政府和社会资本PPP合作，一是要双赢，二是风险一定要共担，完全由公共部门承担或者是完全由非公共部门承担都不可能实现合作。一般说来，政府须承担监管、保护公共利益的风险和承担政策、法律和最低需求风险。政府承担制定法规、政策所带来的风险，不能因未来有新的影响PPP项目进展的原因而出台否定性的法规、新政，不可朝令夕改。作为政府部门，首先应该制定法规、政策保障社会资本的利益。否则不仅有损社会资本的权益，更对PPP模式的推广不利。

政府承担自身风险的同时，作为社会资本也应承担相应的风险。所谓有风险才会有回报。在PPP模式中，社会资本应承担项目设计、建设、运营维护等商业风险。

下面是一例城市整体环境改造PPP项目，地方政府和社会资本明确各自的责任和风险，保障合作方的权利，最终实现了共赢。

R市建设投资集团有限公司

R市H投资有限公司

PPP项目合同书

合同编号：

甲方：R市建设投资集团有限公司（以下简称甲方）

乙方：R市H投资有限公司（以下简称乙方）

R市人民政府通过政府采购方式，确定R市H投资有限公司为市政基础设施建设社会资本运营商，并于____年____月____日签订了《城市建设投融资框架协议书》（下称《框架协议》）。根据《框架协议》的约定和政府对市政项目的批复意见，本合同甲方为R市人民政府授权单位，本合同乙方为R市H投资有限公司制定并经甲方认可在R市成立的项目公司，甲、乙双方依照《中华人民共和国合同法》《PPP项目管理办法》《R市政府投资管理办法》，本着政府与社会资本共赢，促进城市发展原则，在平等、自愿、协商一致的基础上，达成如下合同内容：

一、合作方式

1. 甲方确定本合同第二条所述项目概况及目标，甲方向乙方支付项目款（或通过土地拍卖等方式补偿乙方收益）。

2. 乙方负责：

（1）对项目进行投资、建设、管理。

（2）作为项目投资建设主体，负责工程建设、管理工作以及工程款的结算；办理工程建设的立项申请、委托勘察设计、申请规划许可、负责工程建设及办理相关许可审批等手续。

（3）竣工验收、工程移交、工程保修及工程决算工作。

（4）与项目投资、设计、建设、管理相关的其他事项。

二、项目概况及目标

1. 项目名称：R市某某路、某某公园改造。

2. 项目投资：

（1）征地（租地）、拆迁、补偿费用概算投资（以实际发生额为准）。

（2）工程建设费用（含前期费用）（以工程竣工决算额为准，具体按照《项目管理合同》执行）。

3. 建设地点、建设规模、建设内容、建设工期、工程质量标准、建设项目管理范围和要求在《项目管理合同》中另行约定。

三、投资成本及计价方式、项目款计算

1. 投资成本：指资金及其占有、项目的立项、规划、设计、开发、建设、管理、配套而产生的各种支出、税费、行政事业性收费及其他费用，包含经甲方同意因本合同签署及履行所发生的项目考察、调研所产生的各种费用。

2. 投资成本计价方式为下列各项费用：

（1）立项、设计、规划、招标代理、造价咨询等费用，执行国家行业收费标准，国家行业没有收费标准的，甲、乙双方按市场价协商执行。

（2）建安工程费、配套设施费按经乙方确认的结算评审结果执行。

（3）前期报建、审批、招标代理、行政事业性收费、检验检测费、监理费、规划、设计等费用经双方确认后执行。

（4）管理费，按投资成本扣除项目征地（含租地）费用和拆迁补偿费用的1.5%计算取费。

（5）投资成本由甲乙双方及时、分布按程序审核确认。

（6）投资成本的计算在项目管理合同中有明确约定的按项目管理合同执行。

四、付款形式和时间

1. 甲方直接付款或采取其他补偿方式。

2. 付款时间。甲方向乙方付款的时间为：征地（含租地）、拆迁补偿费用每月核对结算，第二个月付清；工程建设费用（含前期费用）自工程竣工验收之日起五年内，每年拨付20%。

3. 甲方逾期付款的，需向乙方支付延迟付款利息，按年利率10%记取利息。

4. 采取拍卖土地等补偿方式的，甲乙双方另行签订补充协议。

五、抵押担保

1. 甲方将名下某某中心土地及建筑物（评估价格______亿元）作为本合同的

履约担保。

2. 因特殊原因，甲方无力偿还项目费用或不能按其他方式进行补偿时，甲方有权依照法定程序和方式对抵押物进行处置。

3. 履约担保详见《抵押合同》。

4. R市财政局出具《履约担保函》。

六、甲方的保证及承若

1. 按照本合同第一条规定的合作方式全面履行约定义务。

2. 负责落实项目内容（包括但不限于立项、设计、规划条件），符合国家及地方有关法律、法规及产业政策，并获得政府相关批复，保证程序的合规性。

3. 负责落实或者争取依据国家及地方政策规定能够给予乙方实施项目的相关优惠政策。

4. 甲方不得就同一项目引进不同的投资者，保证乙方及其项目公司的持续运营收益。但乙方不能按约履行合同义务的，甲方完全有权与第三人进行项目合作。

七、乙方的保证及承诺

1. 按照本合同第一条规定的合作方式全面履行约定义务。

2. 负责按合同约定进行投资，并按项目进度及时支付资金，保证项目按期顺利进行。

3. 负责按招标管理有关规定选择符合资质条件的设计、施工、监理等单位，负责办理工程立项、施工许可等相关手续。

4. 负责项目的质量、安全及进度管理。

5. 乙方负责对项目进行投资、建设、管理，工程质量需符合设计要求并满足国家有关规范及相应的验收标准，未达到以上标准的乙方应按项目总投资额的5%计算支付违约金，并赔偿甲方全部损失。

八、工程验收、决算

1. 工程验收及决算按照项目管理合同相关条款执行。

2. 乙方负责将工程竣工决算资料报甲方，甲方审核无误后进行签字确认。

九、合同的解约

1. 因重大情势变更，甲方有权以书面形式解除合同，乙方在接到解除合同通知后应在15日内开始准备项目的终止，并在30日内向甲方提交其已经产生的投资成本总额及相应投资回报金额，因项目终止而发生的应向供货商、施工方等各方支付的违约金等全部费用的报告及证据材料，甲乙双方依据事实协商确定费用的承担方式。

2. 甲方或乙方擅自解除合同的，需向对方支付全部损失及违约金，违约金数额为项目投资金额的15%。

十、不可抗力与违约责任

1. 由于不可抗力的原因，而不能履行或延迟履行合同的一方不负违约责任。

2. 发生不可抗力的乙方需尽力采取措施避免损失的扩大。不可抗力持续超过3个月，导致项目无法持续进行的，任何乙方有权提出解除合同并且不承担违约责任。

3. 除不可抗力外，由于双方原因导致投资项目不能持续进行，经双方协商一致，可由甲方依法回购，投资损失由双方协商分担。

4. 本合同签订后，任何一方违约的，应当承担相应的违约责任，并赔偿由此给对方造成的损失，损失范围包括直接损失、间接损失及预期利益。

十一、合同文件的组成及解释顺序

双方以《框架协议》为基础签署本合同，本合同中未做特别约定的仍遵照《框架协议》的约定执行。

构成本合同的合同文件之间应当能相互说明和相互补充。除非合同文件另有约定，合同文件的组成及解释顺序如下：

1. 框架协议。

2. PPP合同书。

3. 项目管理合同。

4. 甲方向乙方提供的各项担保承诺及授权文件。

双方在本合同履行中所共同签署或认可的（符合现行法律、法规、规章及规范性文件，且符合本合同实质性约定的）指令、洽商、纪要或同类性质的书面文件，均构成合同文件的有效补充。

十二、附则

1. 合同有效期：自签署之日起至乙方收到本合同约定的全部款项之日止。

2. 任何一方未经另一方书面同意，不得向第三方透露本合同涉及商业模式及价格核心内容。本保密条款效力不受本合同其他条款终止或解除的影响，对双方均具有约束力。

3. 因本合同发生争议协商解决，协商不成的，提交北京仲裁委员会，按照现行有效的规则仲裁，适用中华人民共和国法律。

4. 如果本合同部分无效或无法履行，但不影响本合同其他条款效力的，本合同其他条款陆续有效；同时，双方应依法调整合同条款为有效条款，并尽量符合本合同所体现的原则和精神。

5. 本合同实际履行过程中，甲、乙双方可以根据实际情况对本合同进行补充或修订，具体以书面的补充协议为准。

6. 乙方需经甲方同意方可将本合同文件中的权利义务整体及部分转让。

7. 项目建设管理要求详见《项目管理合同》。

8. 本合同一式十二份，甲乙双方各执六份，甲方报市政府备案。

9. 合同附件包括：

（1）R市建设投资集团有限公司对R市H投资有限公司委托授权书；

（2）甲方的营业执照、组织机构代码证、税务登记证、法人身份证复印件并加盖公章；

（3）乙方的营业执照、组织机构代码证、税务登记证、法人身份证复印件并加盖公章；

甲方：　　　　　　　　　　　　乙方：

法定代表人或授权代表：　　　　法定代表人或授权代表：

日期：　　　　　　　　　　　　日期：

附件一：

政府授权单外（住建局/交通局/园林局）与R市H投资有限公司

关于某项目管理合同书

项目管理合同书

合同编号：

甲方：R市住建局/交通局/园林局……（以下简称甲方）

乙方：R市H投资有限公司（以下简称方）

甲、乙双方按照《中华人民共和国合同法》《中华人民共和国建筑法》及其他有关法律法规，就项目建设管理达成如下合同内容：

一、项目概况

1. 项目名称：

2. 项目计划总投资：

3. 建设地点：

4. 建设规模:

5. 建设内容：

6. 建设项目管理范围和内容：

二、管理目标

1. 工程质量标准：满足设计需求，达到或优于国家标准。

2. 建设期限：____天。计划开工日期：____年____月____日，计划竣工日期：____年____月____日。工期共____天，与前述计划开/竣工日期计算的工期天数不一致的，以工期总____天数为准。

3.具体开工时间以甲方签署的开工令为准，非经甲方批准工期不得调整。

三、实施程序

1. 乙方根据甲方批准的设计方案，通过合法形式选取有实力的勘察、设计审图单位，进行地质勘察、施工图设计、图纸的审查。设计图纸要做到全面、准确、完整、细化深化并满足施工、规范和专业衔接要求，须一次到位，不得出现二次设计等不衔接、不到位情况。

2. 乙方提交施工图（含CAD电子版）等设计成果后由甲方组织图纸的审查与论证，通过后作为乙方实施项目的依据，未通过论证发生较大变更的由乙方自行承担。

3. 工程的招投标工作由乙方组织实施，招标文件及最高限价由甲方参照政府投资管理程序进行确认。最高限价的编制依据国家现行建设工程的工程量清单计价规范，以及河北省工程造价管理部门颁发的相关配套计价管理规定计算。工程定额使用河北省2012统一定额，相关取费执行河北省规定，材料价格按照河北省及沧州市造价管理部门发布的同期造价信息价格执行，未发布的材料价格按市场询价（到场材料成本价）进行确认；人工费、机械费按照河北省发改委、河北省住建厅联合下发的人工费、机械费标准文件执行。

4. 甲方有权利对监理单位和监理人员进行监督和管理，对不称职的监理单位和人员有权进行撤换，乙方须积极配合并落实。

5. 为保障质量，甲方有权选定材料、设备的供货地、参数、品牌等，并通过认质认厂认价单的形式进行确认，并据此计入结果。

6. 乙方应确保施工单位按总进度进行施工，按期完成；未按期完成的，甲方有权追究乙方责任，并要求乙方赔偿相应损失。如遇不可预见等因素，经双方确认后，工期相应顺延。

7. 发生变更时有甲方、乙方、施工单位、监理单位、设计单位、财政评审六方共同签字确认。重大变更按程序报市政府审批，未报政府审批的不作为结算依据。

8. 乙方应要求施工等相关单位按甲方要求定期向甲方及甲方指定单位报送已完成的工程量和合同价款等有关台账、报表等资料。

9. 项目完成后，乙方组织施工方等进行初验，初验合格后报甲方验收。甲方组织相关单位按照施工图、结算书、批准的变更签证、有关技术标准、施工规范、确定的材料设备品牌、规格、型号参数等内容对工程进行量化验收。如甲方超过30个工作日没有验收，则按照工程合格处理，甲方提供相应的文件手续。如果验收不合格，乙方须及时整改，所需费用由乙方自行承担，给甲方造成损失的由乙方负责赔偿。甲方在收到乙方完成整改的通知后，需在15个工作日内再次组织验收，没有验收则按工程合格处理。缺陷责任期一般不低于两年，质保金为结算总价的5%。缺陷责任期满后，双方组织相关单位进行最终验收，无问题后甲乙双方按照法定程序完成项目移交工作。

10. 建安工程费用按工程中标价加变更签证价款的方式进行结算。

11. 竣工验收合格后，乙方负责在15个工作日内向甲方报送竣工工程决算书和有关结算、决算资料并对所提供资料的完整性、真实性、准确性负责。正常情况下，甲方在收到乙方决算资料日起60个工作日内完成最终的决算，因乙方提交资料不齐全、不明确无法评审的不受该时间限制。甲方在上述期限内没有提出异议的，视为甲方认可乙方的决算金额。

四、甲方的保证和承诺

1. 负责落实项目内容，符合国家及地方有关法律、法规及产业政策，并获得政府相关批复，保证合规性。

2. 甲方负责对乙方项目运作的指导及监督，并抽调技术人员成立项目部，负责常驻现场协调，监管项目建设进度、质量、安全、造价、资金等工作。

3. 协助办理项目立项、征地（如有）、供地、拆迁、勘察、规划、设计、招标、监理、质量监督、七通一平等前期工作施工等项目建设所需全部行政审批手续，确保项目建设的合法性。

4. 甲方负责协调政府各部门事务，保障投资环境。负责协调项目所涉拆迁安置补偿、协调项目所涉社会关系，排除项目建设人为障碍，保障项目建设顺利进行。

五、乙方的保证和承诺

1. 负责按项目的投资计划、项目进度、合同约定及时支付资金，甲方有权监督落实并对项目资金支出进行连签确认。乙方签订的设计、施工、监理等有关合同须报甲方、评审中心和甲方指定的部门备案后生效。

2. 负责按招标管理规定选择符合资质条件的设计、监理单位、施工单位等，负责办理施工许可等各项相关手续。

3. 负责提交完整的项目建设实施方案，包括项目管理机构、与甲方项目部对接的各专业技术人员配备、项目质量、安全保证体系、项目运作程序及资金保证措施，将相关资料报甲方及甲方指定单位审批后执行。

4. 乙方应实施甲方对工程建设的指令，并配合甲方对施工、监理、设计的管理，设计、监理合同实行三方共同签署。乙方须确保严格按照有关国家标准、技术规范，对项目进行建设、管理。工程质量标准达到或优于国家验收质量要求。

5. 乙方依据《建设工程安全生产管理条例》确保施工安全，在施工过程中引起的安全事故由乙方自行承担责任。乙方承担本部人员购买保险的相关义务。

6. 乙方负责向甲方提交竣工图和监督施工单位如实编制申报工程结算，因监督不力导致施工单位须报结算的扣减乙方30%的管理费并相应惩罚性扣减施工单位合同价款。

六、本合同一式十二份，甲乙双方各执六份，评审中心、相关单位备案后生效。未尽事宜双方协商解决。

甲方：	乙方：
法定代表人或授权代表：	法定代表人或授权代表：
日期：	日期：

附件二：

房屋抵押合同

甲方（抵押人）：R市建设投资集团有限公司

法定代表人：

地址：

联系电话：

乙方（抵押权人）：

法定代表人：

地址：

联系电话：

鉴于与乙方____年____月____日签订的《PPP项目合同书》及有效修改与补充的法律文件（一下简称“项目合同”），为确保甲方按约履行项目合同，保障乙方各项约定权利的实现，甲方自愿作为抵押人提供担保抵押，根据《中华人民共和国担保法》《中华人民共和国城市房地产管理法》《中华人民共和国城镇国有土地使用权出让和转让暂行条例》等规定，定立本合同。

第一条 抵押物（详见抵押物清单）：

楼宇名称、座别及房号：

所有权人：

所在位置：

建筑面积：

《房地产证》编号：

第二条 经双方确认上述抵押物价值为：

第三条 抵押担保的主债权:

抵押担保的范围包括《PPP项目合同书》确定的乙方的主债权及利息、违约金、损害赔偿金和实现抵押权的费用（包括评估、拍卖、诉讼、律师、会计及其他费用）。

第四条 在本合同签订后____日内，甲、乙双方持本合同及该抵押物的证明文件到有关管理部门办理抵押物的登记手续。

第五条 甲方保证该抵押物在本协议之前未设定抵押。保证对抵押物拥有完全的所有权，保证抵押物不存在共有、所有权或使用权争议等任何足以限制乙方实现抵押权的情况，保证抵押物免遭任何第三人追索。

第六条 甲方应妥善保管抵押物，在抵押迁建应有维修、保养、保证抵押物完好无损的责任，并随时接受乙方的检查。

第七条 抵押期间，未经乙方书面同意，甲方不得转让、出租、变卖或以任何其他甲方不得转让、出租、变卖或以任何其他形式处置或转让本合同项下的抵押物。由此引起乙方的任何损失，由甲方承担责任。

第八条 出现下列情况之一的，乙方有权依法定方式处分抵押物：

一、甲方未履行到期债务；

二、甲方被依法宣告解散、破产。

第九条 处理抵押财产的所得价款，不足以偿还债务的，乙方有权另行追索。

第十条 甲方违反本合同第七条规定，擅自处理抵押财产的，乙方视情况有权要求甲方恢复原状，并可提前收回项目合同项下的项目款。

第十一条 甲方违反本合同第五条规定，隐瞒抵押财产存在共有、产权争议、被第三人追索的情况的，甲方需按《PPP项目合同书》规定履行合同义务，并应赔偿给乙方造成的实际损失。

第十二条 本合同自双方盖章后生效，抵押权自登记之日起设立，有效期至担保的债权全部实现为止。

第十三条 合同所附的“抵押物清单”是本合同的组成部分。

第十四条 双方在履行本合同时同时发生争议，协商不成的，提交北京仲裁委员会，按照现行有效的仲裁规则，试用中华人民共和国法律。

第十五条 本合同一式八份，甲方执三份，乙方执三份，登记部门执两份，均具有同等效力。

甲方（抵押人）：

法定或委托代表人：

签订日期：　　年　月　日

乙方（抵押权人）：

法定或委托代表人：

签订日期：　　年　月　日

表6-1 抵押物清单（房产）

序号	所有权人	房产证号	坐落	建筑面积（平方米）	评估价值（万元）	抵押价值（万元）
1	房产					
2						
3						
4						
5						
6						

续表

序号	所有权人	房产证号	坐落	建筑面积（平方米）	评估价值（万元）	抵押价值（万元）
合计						

抵押人申明：以上抵押物属抵押人所有，不属于《物权法》第一百八十四条的范围，未进行重复抵押，对所提交《抵押物清单》的真实性、合法性承担全部法律责任。 （单位盖章） 法定代表人（签字）： 年　月　日	抵押权人申明：同意接受抵押 （单位盖章） 法定代表人（签字）： 年　月　日

财政履约担保函

编号：

致：（以下简称："贵司"）

根据贵司与（以下简称"被授权单位"）签订的合同编号为《　　　　》（以下简称"主合同"），我特向贵司承诺如下：

1. 本函所担保的范围为主合同被授权单位应当履行的付款（征地、租地、拆迁补偿费用、工程建设费用）及利息、罚息、违约金、损害赔偿金以及贵司实现债权的费用（包括但不限于诉讼费、仲裁费、财产保全费、证据保全费、强制执行费、评估费、拍卖费、鉴定费、律师费、差旅费、调查取证费等）。

2. 保证期间：自主合同约定的付款期限届满之日起2年。

3. 若被授权单位未按主合同中的约定按期足额支付全部款项，我保证在收到贵司索款通知后一周内无条件将上述经建投公司确认应该支付的款项支付给贵司。

4. 贵司与被授权单位约定延长履行期限的，不须经我同意。

5. 本函适用于中华人民共和国法律、法规。发生争议，协商解决，协商解决不成的，提交北京仲裁委员会裁决。

6. 本函自盖章之日起生效。

R市财政局

（盖章）

年　月　日

政府授权书

致：（以下简称“贵司”）

兹授权R市建设投资集团有限公司、园林局、住建局、交通局与贵司开展PPP项目合作。

授权R市建设投资集团有限公司的授权范围为：

1. 在R市范围内，进行（见附件）项目的投资、立项、规划、设计、建设、运营、决算与贵司签署《PPP项目合同书》，并负责合同的履行，支付合同价款等。

2. 与贵司签订相应的（房屋/国有土地使用权）抵押合同。

授予R市园林局、住建局、交通局的授权范围为：

在R市范围内，进行（见附件）项目的立项、规划、设计、建设、运营、竣工验收、决算移交与贵公司签署《项目管理合同书》，并负责合同的履行等。

授权R市财政部门出具相应的财政履约担保函。

授权期限：自本授权签署之日起至PPP项目合同履行完毕之日止。

R市人民政府

（盖章）

年　月　日

建立浮动收益机制，激活社会资本

PPP项目周期长、风险高，社会资本常常抱着谨慎的态度，同时更为关心项目到底能够为自己带来多大投资收益。

作为投资者，一边关心风险，一边关心收益，这本无可厚非。然而，部分地方政府却更在乎参与其中的社会资本能提供多少融资，能够为地方经济建设作出多大贡献，能够为地方带来多大的改变。可以说，双方的关注点似乎不在一个频率上。

笔者认为，PPP模式复杂性的特点之一便是涉及政府和社会资本等各方的利益，因此协调利益分配是实施PPP项目的关键所在。

PPP作为一种投资方式，涉及担保、税收、外汇、特许经营权等诸多方面，PPP合同双方应尽可能预见未来可能的变化而留有调整的余地，比如物价上涨、税负调整、环保标准变化、土地租让政策变化以及其他政府宏观经济政策变化等。

为保障PPP项目在合同期限内的政策稳定性，使PPP项目得以顺利而有效运行，当务之急是建立一套行之有效的保障机制，主要内容应为项目调价周期、调价幅度、调价程序等调价机制。

作为PPP模式的重要一方，政府需要完善激励性定价规则。

下面以水务领域为例，来说明保障机制的重要性。

中国第一个污水TOT项目合肥市王小郢污水处理厂，该项目溢价机制为后来的PPP项目树立了典范。

合肥市王小郢污水处理厂是安徽省第一座大型的城市污水处理厂。日处理能力合计30万吨，建设总投资约3.2亿元。

2001年，安徽当地某环保公司曾与王小郢污水厂签订经营权收购合同，当时政府开出3亿元转让价款，项目运营期间污水处理费单价约1元/吨，后由于多方原因收购经营权未果。

2003年合肥市政府决定采用TOT模式，通过国际公开招标的方式转让王小郢污水厂资产权益，实施23年的特许经营。2004年2月，项目开标，共有4家单位提交了投标文件。

开标后，国祯环保及珠海排水联合体的投标报价为3.69亿元，天津创业环保报价4.5亿元，中环保—上实基建联合体报价4.3亿元，柏林水务和东华工程联合体投标报价4.8亿元。随后，政府负责人公布王小郢污水处理厂资产权益转让底价为2.68亿元。王小郢项目所有投标人的报价均远超底价，最高报价接近底价的1.8倍。最终，柏林水务和东华工程联合体中标。

经过10年经营，王小郢污水厂项目资本金已经基本收回并开始盈利。

参与谈判的政府、企业以及咨询机构等表示，与很多PPP项目面临诸多纠纷不同，当时参与谈判的政企双方由于对项目未来发展可能遇到的一系列问题有详细预估，合同条款和权益划分非常明晰，当时规范和详细的合同成为政企取得双赢的重要保证。

比如针对污水处理费和保底水量上，当时合同规定在第一个运营年保底水量为每日22.5万立方米，第二年增加至25.5万立方米，第三年再增至28.5万立方米。

2007年以后，该污水处理厂日均处理量始终在30万立方米以上。

而在水价调整上，政企双方则以CPI、水价和劳动力成本等一系列指标作为依据，设计出一个调价公式，每两年调整一次。截至2014年10月，水价已经进行过4次调整，调价每两年进行一次，并且政府和柏林水务有各自的承担上限和下限。

当事人回忆称，谈判时政企也曾发生过分歧，柏林水务作为国际水务巨头，提出一系列未来可能出现的问题和解决方案，王小郢污水处理厂的经验主要就在于双方将保底水量、价格调整方案等设计责任和分担风险的边界厘清。这为政府日后操作PPP项目提供了经验。

王小郢污水厂项目成为国内当时公开招标的标的额最大的污水厂TOT项目，招标结果在中国水务行业内引起轰动。项目条件中确定的0.75元污水处理服务费单价，为随后实施的一系列污水处理市场化项目确立了价格标杆，使整个行业的价格下降20%以上。王小郢项目为我国公用事业改革提供了成功案例。

笔者实践操作过的一起位于某县的PPP污水处理项目中，政府和企业双方就充分考虑到了水价的调整机制。

2011年，某县人民政府（以下简称甲方）与某水务公司（以下简称乙方）签订特许经营协议，约定乙方投资5000万元建设甲方污水处理厂，特许经营期限26年，回收期10年。污水处理范围为在特许经营期内，乙方应只对甲方收集的污水提供处理。未经甲方事先书面同意，乙方不得接受任何第三方的污水进行处理。

而在甲、乙双方最为关心的内容之一“污水处理服务费”方面，是这样约定的：合同生效及污水处理项目公司成立后，建立双方污水运营费用保障机制。甲方在污水处理项目启动同时，按日处理单位运行费用成本，财政将全年的污水运营费用列入本年度预算，同时另储备污水运营费用一年，存入双方约定的项目公司专户由银行监管。

在运营期内，运营费用实行动态管理，甲方每月向乙方支付污水处理服务费：

一、污水处理厂保底水量为每日2万吨。

二、在运营期内，污水处理服务费包括以下两部分：

（1）2万吨保底水量处理服务费按污水处理单价______元/吨计费；污水处理服务费=污水处理单价×2万吨水量。

（2）每隔三年，根据国家物价综合指数的上涨幅度，甲、乙双方共同协商并确定运营费的上调整比例。

（3）甲方提供进入污水处理厂的污水量超过2万吨基本水量，且在项目设计处理能力范围之内时，乙方全部处理。超额部分的污水处理服务费=污水处理单价×超出基本水量的处理水量。

有水务行业专业人士认为，在公共领域，考虑到老百姓的承受能力，政府对调价会比较慎重。但企业期盼能设定一个公允的价格调整机制，企业有盈利，才能扩大再生产，按照政府规划适时建设和改造厂网设施，确保自来水的水质。

建立浮动收益率机制，是解决PPP项目落地难的一个重要方面，也是激活社会资本参与基础设施建设的重要因素。

盈利不暴利：在公益与收益间寻求平衡点

通常情况下，PPP项目的收费机制包括三类，一是完全依靠项目用户付，如供水、燃气等项目，二是完全由政府支付服务费用，如市政道路、排水管网、生态环境治理等项目，三是部分来自项目用户付费并由政府提供缺口补贴，以保障项目财务可行性，如城市污水处理、垃圾处理等项目。

实践中，政府对社会资本提出的有时甚至超出地方财政承受能力的回报要求无可奈何：既有求于社会资本，也不能不顾地方的财政支付能力，否则特许经营权协议签订后，就要受到法律的保护和制约，一旦不能兑现，地方政府就有可能被诉诸法庭，地方政府的信用也有丧失的风险。

而社会资本往往也是一肚子苦水：投资大、期限长、风险大，希望尽快在短时期内回收投资以降低风险。

但政府对此却并不认同，整个谈判过程异常艰难。一个PPP项目从接洽到最终签订合作协议，往往需要半年以上甚至一年的时间。

笔者认为，我国PPP项目绝大多数都带有公益性，比如基础设施、供水、污水处理、垃圾焚烧、医疗、养老项目等。作为政府，不能以社会公益性为由头让社会资本承担所有的风险，收回最低的回报。这不仅不利于社会资本以较高的积极性投入到PPP项目的建设和运营，不利于提高社会公益性项目的服务质量，也不利于PPP项目在我国的大力推广。

同样，作为社会资本，也不能在政府资金缺乏的情况下以追求利润的最大化为目的，更不得追求暴利。目前，PPP项目多集中在供水、污水处理等领域，具有自然垄断属性，公众普遍担心采用PPP模式后公共产品价格会出现不合理上涨，最终由自己埋单。这也是PPP模式在公众中有争议的原因之一。

研究认为，虽然企业投资的目的是获取利润，但具体对象具体分析，PPP项目毕竟是带有公益性的项目，与其他的纯商业性项目有着本质的不同，其他纯商业性项目以盈利为目的，自主经营自负盈亏，社会资本的目的性非常强。因此，针对PPP项目，作为负有社会责任的企业需要在投资收益方面作出平衡和理性选择。

退一步讲，如果社会资本企望暴利，也是不现实的：一是社会公益项目并不属于暴利性行业，二是暴利不具有持续性，如果一味追求暴利，不仅社会公众无法承担，作为监管者的政府也不会允许PPP项目的暴利，对PPP项目本身而言，追求暴利最终可能会面临失败的风险。

从国外PPP模式的经验教训来看，如何平衡政府、社会资本和社会公众之间的利益，是PPP模式能否成功的关键因素。

对社会资本而言，既要实现合理回报，又要避免暴利。

PPP项目属于基础设施和公用事业，这种性质决定了它需要在社会资本收益和公共利益之间寻求一种平衡。而社会资本方对投资收益预期通常过高，一般达到12～15%，有的预期甚至更高。

事实上，PPP项目投资收益一般在10%左右。因此，社会资本方需降低收益预期，收益的长期性、稳定性以及风险的可控性对社会资本来说更为关键。

笔者认为，在政府和社会资本合作模式中，既要体现社会资本的逐利性，同时也要受PPP项目公益性的制约。政府和社会资本的合作，必须在社会公益最大化和保护投资者利益之间寻找到平衡点，以确保最大程度地满足公众需求，又能使社会资本有一定的利益回报。

具体而言，政府和社会资本应该在合作过程中共享利益。所谓共享利益，是指通过PPP项目合作，政府获得社会公益事业服务，而社会资本获得相对平和、长期稳定的投资回报。

PPP项目中，政府的重要责任是调节社会资本盈利空间，既要保持项目回报率的吸引力，吸引社会资本投资，又要保证社会资本收益具有合理性，保障项目建成后能够正常运转，吸引其他社会资本陆续与政府合作。为防止社会资本利用公益项目的垄断特点获取暴利，政府需要对其收益合理约定。如果社会资本获利较低，政府根据合同对其进行补贴以保证合作继续，如果社会资本获得超额利润，政府可根据合同控制其利润水平。通过建立这种科学的机制，让政府、社会资本、社会公众都能够接受。

一个PPP项目的收益率应以略高于银行贷款利率为原则，可结合行业特点和利率水平进行适当调整。根据财政部《关于推广运用政府和社会资本合作模式有关问题的通知》（财金[2014]76号）规定，完善项目财政补贴管理。对项目收入不能覆盖成本和收益，但社会效益较好的政府和社会资本合作项目，地方各级财政部门可给予适当补贴。财政补贴要以项目运营绩效评价结果为依据，综合考虑产品或服务价格、建造成本、运营费用、实际收益率、财政中长期承受能力等因素合理确定。地方各级财政部门要从“补建设”向“补运营”逐步转变，探索建立动态补贴机制，将财政补贴等支出分类纳入同级政府预算，并在中长期财政规划中予以统筹考虑。

据了解，重庆市PPP改革的主要制度设计中做到“五个防范”：防范以PPP合作形式进行高息融资操作；防范投资人利用公共服务的自然垄断乱收费、高收费；防范不同区县、不同地区的同一类项目标准不统一导致价格、收费混乱；防范操作不阳光、不透明导致灰色交易发生；防范项目无法正常运转时应急预案缺失。

据了解，北京4号线项目初始，港铁公司聘请了专业的客流预测机构对地铁人流进行了测算，以此与政府约定，在2010～2014年期间，若地铁人流连续3年低于预测人流，政策就需要补贴相应的费用，若人流持续高于预测人流，则政府能够从中分享一定的超额收益。

在PPP协议里，政府对京港公司提供的服务水平、质量、安全保障有细致明确的要求。政府需要权衡的是既要保证公司平稳运营，又要防止其因客流量、票价的变化获得暴利。

这种安排让政府对于公共项目的补贴更透明，让港铁公司在4号线运营和管理上机制更先进，客观上促成了投资的效率提升。

在有了北京地铁4号线这个PPP项目样本后，还有3条北京地铁也被纳入PPP项目库，分别是地铁14号线、16号线和6号线。

与地铁4号线相同，地铁14号线依然将地铁进行分割投资，全部建设内容被分为A、B两部分。A部分主要包括征地拆迁、洞体、车站等土建内容，由政府方负责投资；B部分主要包括车辆、通信、信号等设备投资内容，由社会投资者负责。

京港地铁公司通过招商负责B部分的建设，并可以在30年的特许经营期内对地铁14号线全部资产（包括A部分和B部分）进行运营和管理，30年后将地铁归还给政府，且B部分“有一定盈利空间”。

在PPP项目全生命周期内，政府和社会资本双方要互相监督，强化合作。政府要做好PPP项目的整体规划，建立动态调整机制。在实际运作中，政府应根据项目运营情况和公众满意度等，定期对运营价格、补贴等进行适当调整，最终使社会资本“盈利但不暴利”，实现政府、社会资本、社会公众的多方共赢。

探索PPP模式良性发展之路

一般认为，PPP模式只是一种公共产品和公共服务的提供方式，是一种融资手段。事实上，PPP模式是一种全新的管理理念，包含了政府和社会资本的相互合作、利益共享、风险分担。从根本上说，PPP模式是将政府在战略制定方面的优势，与社会资本在管理效率、技术创新方面的优势结合起来，从而大大提高公共服务的质量和效率。

普遍认为，PPP要大力推广，需要探索一条PPP模式的良性发展之路。

笔者认为，重点应从机制、步骤和找准重点三个方面进行探索。

第一，应该强化公共利益、效率和效益机制。

PPP模式的一个显著特点是其公益性，PPP即英文Public-Private Partnership的简写，其中第一个单词Public即为公共之意。因此，必须强化公共利益约束，防止以侵害公共利益来实现所谓的利益最大化。

在如何维护公益利益方面，一个比较客观公允的做法，即建立科学的政府与服务使用者共同参与的综合性评价体系。

我国还没有权威、公正的第三方监督评估机构，不能全程深入参与PPP项目的监督评估，真正成为制约政府和社会资本的第三方力量。

现实情况是政府和社会资本双方都存在对中立权威第三方的需求。比如部分项目中，企业以超低价格中标后，却以各种理由拖延施工要求提价。在此情形下，地方政府很难承担项目中止的不良社会后果，处境比较被动，进退两难。而从社会资本的角度看，政府部门是项目的主导者，又是监管者，地位比较强势。而中立权威的第三方机构参与，则可以解决地方政府和社会资本双方的担忧，增加互信。

在实践中，要通过大力发展第三方评估组织及机构，对PPP项目的绩效目标实现情况、运营管理、资本使用、公共服务质量和公众满意度进行绩效评估，评估结果作为政府监管及补贴的重要依据。

同时，评估结果应依法向社会公开，接受社会监督。

在效率机制方面，一定要强化效率约束机制，各级政府在推广PPP模式上不能一哄而上，互相攀比，更不能搞大跃进式的工程。要通过引入竞争机制和市场价值投资理念提升公共产品的营运能力，提高公共产品的供给效率。

在效益机制方面，需要突出的是项目收益应该优于传统模式。

PPP项目参与方均应对项目进行精准的效益分析，政府应作出物有所值的评价和财政承受力等方面评价，成本不能远超出政府直接投资，否则就背离了推广PPP模式的初衷。应将成本法、收益法等科学的方法引入PPP项目的绩效评估中，一方面提高公共产品的质量，另一方面降低公共产品的成本。

作为拿出真金白银的投资主体，社会资本也需要对项目进行详细的效益分析，不能盲目上马。否则极易出现项目进行过程中资金不足，或者未来收益不够等情况，最后导致项目无法持续，社会资本投资失败的同时，社会公益项目本身也受到较大损失。

第二，要找准PPP的重点范围进行推广。

为提高可操作性，应将收益性项目作为PPP模式推广的重点，优先选择收益比较稳定、长期合同关系比较清楚和技术发展成熟的项目，如市政供水、污水处理、垃圾处理等。

PPP运作的项目选择最为关键。

财政部《关于推广运用政府和社会资本合作模式有关问题的通知》（财金[2014]76号，以下简称“76号文”）要求“各级财政部门要重点关注城市基础设施及公共服务领域，如城市供水、供暖、供气、污水和垃圾处理、保障性安居工程、地下综合管廊、轨道交通、医疗和养老服务设施等”。

财政部76号文还明确，“适宜采用政府和社会资本合作模式的项目，具有价格调整机制相对灵活、市场化程度相对较高、投资规模相对较大、需求长期稳定等特点。优先选择收费定价机制透明、有稳定现金流的项目。”

笔者认为，“收费定价机制透明、有稳定现金流的项目”明确界定了国家重要支持的PPP项目，其中供水、污水处理、中水、垃圾发电等应为重点领域。

以目前具有比较成熟操作经验的水务行业为例。水务行业有五个明显特征：一是不可替代性和收益的稳定性。水是生活必需品，收益非常稳定。目前全国供水行业的收益率约10%。虽然水务行业收益率较低，但其现金流稳定。二是自然垄断性。每个城市都有相应的供水公司、污水处理厂等。三是环境性。水务是环保的重要一环，水是生态的基础。四是资源性。我国水资源非常贫乏，人均水资源量为2200立方米，约占世界人均水资源量的1/4，被列为世界最贫水的13个国家之一。未来五年，水资源将很有可能确立为我国的战略资源，水务行业的投资价值也将一路飙升，它具有巨大的发展潜力。五是准公共性。水务行业提供的是一种公共产品，既具有经济效应，又具有社会效应。

第三，推广PPP要分步骤、分阶段稳步推进。

对于PPP模式，不同的项目领域有不同的投资期限，如制造业投资期限一般在2~3年，而供水、污水处理等行业投资期限最长可达二三十年，因此，要根据行业特点差异化推进PPP项目。

在推广PPP项目时，应本着分步骤、分阶段稳步推进的原则进行。事实上，并不是所有项目都适合采用PPP模式，也并不是所有项目都需要采用PPP模式，相关部门必须严格界定PPP项目的边界范围，严格按照国家部委的通知精神，重点关注城市基础设施及公共服务领域，如城市供水、供暖、供气、污水和垃圾处理、地下综合管廊、医疗和养老服务设施等领域。

第7章

PPP模式如何创新

随着PPP模式推广的风起云涌，如何管理及促进PPP模式的发展成为政府和社会资本各方高度关注的问题。PPP模式不仅可以有效减轻一些地方的还债压力，而且是融资方式的一种体制、机制创新。

PPP模式将加快混合所有制改革进程

在国有企业混合所有制改革的背景下，PPP模式与混合所有制改革的关系日益受到各方关注。

自20世纪90年代开始，我国允许国内民间资本和外资参与国有企业改组改革，经济改革的实践证明，混合所有制能够有效促进生产力发展。1992年中国改革开放后正式引入民资。

十八届三中全会提出“积极发展混合所有制经济”。2014年《政府工作报告》进一步提出“加快发展混合所有制经济”。国企、民企融合成为新一轮国资国企改革重头戏。

“混合所有制”要求不同所有权主体在一个企业体内真正实现“混在一起”，是在某种社会生产关系具体形态下实现对生产资料的混同占有，可认为是不同所有权主体实现对某一企业的生产资料既各自清晰又共同占有的所有制形式。

2015年9月23日，国务院发布《关于国有企业发展混合所有制经济的意见》（国发〔2015〕54号，下称《意见》）。《意见》表示，鼓励非公有资本参与国有企业混合所有制改革，有序吸收外资参与国有企业混合所有制改革，鼓励国有资本以多种方式入股非国有企业，并分层推进国有企业混合所有制改革。

《意见》指出，国有资本、集体资本、非公有资本等交叉持股、相互融合的混合所有制经济，是基本经济制度的重要实现形式。

笔者注意到，国家分类推进国有企业混合所有制改革，有效探索主业处于重要行业和关键领域的商业类国有企业混合所有制改革。同时，国家引导公益类国有企业规范开展混合所有制改革。在水电气热、公共交通、公共设施等提供公共产品和服务的行业和领域，根据不同业务特点，加强分类指导，推进具备条件的企业实现投资主体多元化。通过购买服务、特许经营、委托代理等方式，鼓励非国有企业参与经营。政府要加强对价格水平、成本控制、服务质量、安全标准、信息披露、营运效率、保障能力等方面的监管，根据企业不同特点有区别地考核其经营业绩指标和国有资产保值增值情况，考核中要引入社会评价。

同时，国家鼓励各类资本参与国有企业混合所有制改革，如非公有资本投资主体可通过出资入股、收购股权、认购可转债、股权置换等多种方式，参与国有企业改制重组或国有控股上市公司增资扩股以及企业经营管理。

《意见》明确指出，国家推广政府和社会资本合作（PPP）模式。优化政府投资方式，通过投资补助、基金注资、担保补贴、贷款贴息等，优先支持引入社会资本的项目。以项目运营绩效评价结果为依据，适时对价格和补贴进行调整。组合引入保险资金、社保基金等长期投资者参与国家重点工程投资。鼓励社会资本投资或参股基础设施、公用事业、公共服务等领域项目，使投资者在平等竞争中获取合理收益。加强信息公开和项目储备，建立综合信息服务平台。

《意见》鼓励各类资本参与国有企业混合所有制改革，并且提出推广PPP模式。可以说，PPP模式将加快国企混合所有制改革进程。

自2014年以来，国务院以及国家发改委、财政部等多部门已经围绕PPP项目下发过多份文件，不仅如此，各地方还针对本地方的经济形势和PPP项目下发了相应的配套文件。在中央和地方密集的政策推动下，一大批PPP项目正在加速或已经落地。

以下是笔者操作的一起混合所有制案例。一家是国有企业H公司，一家是民营企业L公司，双方决定共同投资运营M市的一家污水处理厂。

H公司与L公司通过合同约定了双方之间的权利和义务，以下是双方在签订正式合同前签订的战略合作协议，主要条款如下：

一、合作模式

（一）H公司与L公司双方成立一家新公司，共同投资运营M市污水处理厂。

1. 项目投资总额：10000万元。

2.相关各项投资额及总投资以M市政府及第三方机构最后审计、评估为准。

（二）双方占股比例及出资方式：H公司以资金入股的方式承担51%的出资。L公司以资金入投的方式承担49%的出资。

二、筹备成立项目公司

（一）双方认可上述“合作模式”后，由H公司与M市政府签订BOT合同。

（二）BOT合同签订后，H公司与L公司正式成立新公司筹备组。

（三）双方应按约定的出资金额及形式、时间投入认缴出资，并以认缴出资额为限对新公司承担责任。

（四）以新公司的名义向金融机构融资贷款进行项目建设。新公司抵押不足部分，双方股东H公司与L公司再分别按51%：49%的比例履行抵押和担保义务。

（五）新公司以与M市政府签订的BOT合同形式收回投资。在按照规定进行各项费用提取后，双方按所持股权比例分配公司利润。

（五）项目公司注册完成时间：

双方代表签章

H公司代表：

L公司代表：

目前，分别代表国资和民资的H公司与L公司已成立一家新公司，公司按BOT模式与当地政府进行水务合作，项目进展顺利。

融资创新之基金撬动万亿资本

PPP正在风口之上。

不过，所谓“兵马未动，粮草先行”。资金不足问题却是摆在社会资本面前的拦路虎。

目前，我国PPP落地的一个重要障碍，即是社会资本跃跃欲试，资金方面却面临不足。

笔者发现，许多有一定实力的社会资本对日渐兴起的PPP项目青睐有加，欲投资PPP项目，但动辄五六亿元、上十亿元甚至上百亿元的投资规模，还是让相当多的社会资本望而却步，不得不打消投资的念头。

事实上，即使是一些有实力的行业大公司，在投资PPP的项目中，也需要借助信贷融资、发债、与其他社会资本成立联合体的形式共同解决资金问题。

笔者认为，金融创新是吸引社会资本参与到PPP项目中的重要手段。

2015年全国两会，李克强总理的政府工作报告指出，大幅放宽民间投资市场准入，鼓励社会资本发起设立股权投资基金。政府采取投资补助、资本金注入、设立基金等办法，引导社会资本投入重点项目。在基础设施、公用事业等领域，积极推广政府和社会资本合作模式。

李克强总理多次在其主持的常务工作会议中作为主要议题讨论，要大力创新融资方式，积极推广PPP模式，汇聚社会力量增加公共服务供给。这一系列表态，着实让业界大大兴奋。

2015年4月，国务院发布《基础设施和公用事业特许经营管理办法》，办法允许对特许经营项目开展预期收益质押贷款，鼓励以设立产业基金等形式入股提供项目资本金，支持项目公司成立私募基金，发行项目收益票据、资产支持票据、企业债、公司债等拓宽融资渠道。

可以说，《基础设施和公用事业特许经营管理办法》已成为推广PPP的风向标，多地设立产业基金。

实践中，笔者了解到，各地产业基金入股PPP项目日渐增多，许多地方政府正借力产业基金吸引各种社会资本投入PPP项目。

2015年5月26日，国家发改委首批公布1043个、总投资额达1.97万亿元的PPP项目。与此同时，江苏、安徽、湖南、河北、河南等省份的PPP项目推进速度正在加快，一些总投资百亿元甚至上千亿元的项目陆续开始启动。

笔者注意到，在上述1043个项目中，安徽以127个项目居首，江苏以107个项目紧随其后，贵州、山东、云南、甘肃、江西、青海等地推出项目也较多，均超过60个。江苏公布的107个项目涉及总投资1217.41亿元。

对于PPP项目而言，资金来源仍是重要问题之一。因此，如何撬动广大社会资本参与到高达万亿元的PPP市场当中，成为决策部门重点考虑的一个问题。

鉴于社会资本资金不足，中央层面曾明确倡导设立中央级的引导示范性PPP股权投资基金，以改变社会资本参与PPP的模式。

2015年6月初，媒体报道称，中央级的引导示范性PPP基金已经获得财政部审批，引导基金的规模约为500亿元。该基金中，财政部出资100亿元，金融机构负责400亿元的支持。金融机构主要以国有银行为主，不排除股份制银行的参与。中央级的引导基金更多会作为母基金下发到省级部门，以缓解项目资金压力。

一旦中央级引导基金获批，对当下的PPP来说将是一大利好：一是将缓解PPP基金的融资难题，社会资本的积极性无疑会大大提高。二是政府和社会资本共同参与PPP时，社会资本可以适当减少出资规模。此外，中央级引导基金的投资标的也将成为社会资本参与PPP的一个增信手段。

笔者注意到，关于“PPP融资支持基金”的说法，首次见于2015年5月22日国务院办公厅转发财政部、国家发改委、人民银行的文件《关于在公共服务领域推广政府和社会资本合作模式的指导意见》（以下简称《意见》）。《意见》将PPP基金定性为社会资本，可以参与PPP项目股权投资。

与此同时，河南、江苏等地也先后首次公布地方PPP基金方案。

2015年6月1日，中部省份河南省首次公布总规模为50亿元的《河南省PPP开发性基金设立方案》。其方案明确了基金规模、投资范围、支持形式、基金管理等重要内容。根据方案，这项基金旨在撬动更大规模的社会资本参与到基础设施和公共服务设施领域项目建设中，并促使数以万亿元的社会资本PPP项目资金落地。

河南省财政厅有关负责人称，PPP模式属新生事物，基金设立后，将选择部分项目给予资本支持，有利于加快推动PPP项目的推广运用，促进项目尽快落地。基金将主要通过资本支持和技术援助两种形式，对河南省的PPP项目给予支持，包括运用PPP模式改造的存量项目和新增项目。

方案显示，基金将按照优惠的资金成本给PPP项目提供资本支持。对于新增项目，基金按照项目公司中政府出资部分的30%给予资本金支持，总投资在10亿元以下的单个项目最高支持2000万元，总投资超过10亿元的项目最高支持5000万元；对于存量项目采用PPP模式改造的，基金按不超过项目总投资的5%~10%给予支持，最高不超过5000万元。基金采用股权为主方式投入PPP项目。

基金投资将按照市场化规则决策。投资决策委员会由基金管理人和投资人按照出资比例组建。在基金设计总框架内，投资决策委员会按照市场化规则决定投放项目。

河南省设立PPP开发性基金就是为PPP增信提供金融支持，这也开了国内地方政府以政府基金金融支持PPP项目的先河，意义深远。

可以预料的是，未来各级地方政府将效仿河南省设立开发性基金，“地方政府基金支持PPP”将成为燎原之势，这无疑将撬动数以万计的社会资本。

河南省PPP开发性基金刚一公布，江苏省即公布了设立100亿PPP融资支持基金的消息。

2015年6月5日，江苏省财政厅发起设立“江苏省PPP融资支持基金”，并制定了《江苏省PPP融资支持基金实施办法》（试行）。文件指出，根据《国务院办公厅转发财政部、发展改革委、人民银行〈关于在公共服务领域推广政府和社会资本合作模式指导意见〉的通知》（国办发[2015]42号）精神，为加快推广运用政府和社会资本合作（PPP）模式，积极发挥财政资金的导向作用，充分利用金融机构、社会资本等资金和管理的优势，推动江苏省公共服务领域投融资机制创新，促进江苏省经济和社会发展，江苏省财政厅发起设立“江苏省PPP融资支持基金”，并制订了《江苏省PPP融资支持基金实施办法》（试行）。

江苏省PPP融资支持基金规模人民币100亿元，每20亿元为一个子基金。基金期限为10年，10年到期后如仍有项目未退出，经出资人同意可延长。

基金出资人分为两部分，一是财政出资人，即省财政厅；部分市、县财政局。二是其他出资人即若干家银行机构；保险、信托资金；其他社会资本。基金将用于江苏省财政部门认可且通过财政承受能力论证的PPP项目，优先投入省级以上试点项目及参与出资市、县的项目。

笔者认为，国家拿出真金白银支持各地PPP项目，必将进一步激发地方政府和市场的热情，促进PPP项目的落地发展。

政府设立基金，对社会资本来说，不仅能得到资金支持，增信保障也会得到增强。

笔者注意到，作为旨在对PPP项目进行政策性引导的基金，PPP基金与一般的产业投资基金在设立原则、投资对象及目的、投资回报等方面均有所不同。

例如，在追求商业利益方面，产业投资基金则以基金投资人利益最大化原则，而PPP引导基金并不以追求商业最大化为原则。从PPP基金设立的目的来讲，基金一个重要的作用是引导PPP项目强化公共利益约束，防止以侵害公共利益来实现“利益最大化”。

《河南省PPP开发性基金设立方案》明确指出，基金设立的目的，一是帮助市、县规范PPP项目前期运作。安排一定前期费用补贴，帮助市、县聘请专业咨询机构提前介入，规范项目操作流程，确保各环节工作有序开展。二是更好地发挥示范项目带动作用。对于示范项目进行奖励，提高市、县政府的积极性，发挥可复制、可推广样板的示范作用，帮助市、县树立标杆、明确目标、理清思路。三是解决部分市、县资金不足问题。选择部分项目给予资本支持，有利于推动PPP项目推广运用。

而《江苏省PPP融资支持基金实施办法（试行）》则指出，基金的设立，一是体现激励引导。通过建立PPP融资支持基金，发挥引导示范效应，吸引更多的社会资金、民间资本进入江苏省PPP领域，增强社会资本的投资信心。二是扩大投资规模。发挥少量财政资金的“种子”作用，撬动金融和社会资本，达到基金10倍的放大效果，扩大基金对项目投入的规模和力度。三是推动PPP模式的运用。发挥基金对PPP项目的引导扶持作用，提高市、县政府运用PPP模式的积极性，扩大PPP模式的推广运用范围，创新江苏省重点基础设施和公共服务领域投融资管理机制，增加公共产品和服务供给。

又如在风险管控方面，产业投资基金风险主要有政策风险、经济周期风险等等，因此，为了防范各类风险，产业投资基金在风险管制的制度、组织形式方面都有着严苛的标准。

在按照市场化决策的同时，PPP基金也有其独特的管理措施。以《江苏省

PPP融资支持基金实施办法》（试行）为例。基金坚持市场化运作。借助金融机构多元化的投融资服务和项目管理经验，按市场化原则运作，强化风险管控，规范PPP融资支持基金的投向使用，加大对重点项目的支持力度。基金管理机构应加强项目运营情况跟踪督查，发现异常情况，及时向子基金项目审委会报告。针对项目情况，项目审委会可根据基金管理机构的建议，表决项目投资期限延长或缩短。基金将遵循分散配置原则，投资于省内多个PPP项目，控制单个项目投资规模，以达到分散风险和带动社会资本的双重作用。

同时，按照收益共享、风险共担的原则，如投资项目失败，首先由基金管理机构承担10%的损失（最多不超过子基金管理费的两倍）。其次，由省财政、市县财政以子基金的出资金额承担风险，项目的剩余损失由其他出资人在出资金额内按比例承担。在发挥PPP项目基金引导社会资本积极性的同时，也按照市场化的原则，公平合理地做到了风险管控。

此外，对于社会资本关注的金融机构支持PPP项目，银行业和发改委也出台政策支持PPP项目建设。

2015年8月10日，中国银监会和国家发展和改革委员会联合发布《关于银行业支持重点领域重大工程建设的指导意见》（银监发〔2015〕43号），意见提出探索创新融资模式。加强融资模式创新研究，大力发展包括大型成套设备金融租赁等非信贷融资模式，满足重大项目建设融资需求。积极发挥信托功能，支持铁路发展基金募集。积极推进资产证券化，盘活重大项目信贷资产。

针对政府和社会资本合作（PPP）项目的特点，创新金融服务，拓展重大工程建设的融资渠道和方式。对已经建立现代企业制度、实现市场化运营，其承担的地方政府债务已纳入政府财政预算、得到妥善处置并明确公告今后不再承担地方政府举债融资职能的融资平台公司，对于其承担的重大工程项目建设或作为社会资本参与当地政府和社会资本合作项目建设，银行业金融机构可在依法合规、审慎测算还款能力和项目收益的前提下予以信贷支持。

附件一：

河南省PPP开发性基金设立方案

为加快推广运用政府和社会资本合作（PPP）模式，积极发挥财政资金导向作用，充分利用金融机构、社会资本的资金和管理优势，推动基础设施和公共服务领域投融资机制创新，促进我省经济和社会发展，按照河南省政府办公厅《关于印发财政支持稳增长若干政策措施的通知》（豫政办〔2015〕57号）要求，河南省财政厅制定了设立河南省PPP开发性基金的运作方案。

一、基金设立的目的

（一）帮助市、县规范PPP项目前期运作。安排一定前期费用补贴，帮助市、县聘请专业咨询机构提前介入，规范项目操作流程，确保各环节工作有序开展。

（二）更好发挥示范项目带动作用。对于示范项目进行奖励，提高市、县政府的积极性，发挥可复制、可推广样板的示范作用，帮助市、县树立标杆、明确目标、理清思路。

（三）解决部分市、县资金不足问题。选择部分项目给予资本支持，有利于推动PPP项目推广运用。

二、基金设立的原则

（一）激励引导。通过设立PPP开发性基金，对PPP项目推广运用的关键环节和重点项目给予支持，调动市、县政府推广应用PPP模式的积极性，增强社会资本的投资信心，吸引更多金融机构和社会资本投资我省PPP项目。

（二）放大效应。通过少量财政资金的“种子”作用，撬动金融和社会资本，将财政资金放大5倍，扩大基金对项目投入的规模和力度。同时，积极与亚行、财政部和我省有关新型城镇化发展基金进行对接，发挥基金的整体效用。

（三）降低成本。省财政出资部分作为基金劣后，并可补贴金融或社会资本收益，或不收取收益，在吸引金融机构投资的同时，降低基金价格，达到降低政府对PPP项目资本投入或付费价格的目标。

（四）规范操作。通过引进咨询机构参与市县PPP项目的前期运作，利用金融机构多元化的投融资服务和项目管理，进一步强化风险管控，减少行政干预，规范PPP开发性基金的投向使用，确保推广运用PPP项目规范有序。

三、基金的发起与设立

（一）基金名称：河南省PPP开发基金。

（二）基金规模：人民币50亿元。

（三）基金期限：5～7年。

（四）基金出资人构成：

1.省豫资公司（代表省财政厅出资）。

2.若干家金融机构。

3.其他社会资本。

（五）基金管理人：由主要出资人指定。

（六）基金的募集：省财政厅委托省豫资公司出资10亿元，金融机构及其他出资人采取认缴制，出资比例以合同形式约定。

四、基金的投资与收益

（一）基金的投资范围。根据河南省PPP模式推广运用规划，基金将用于河南省PPP项目，包括运用PPP模式改造的存量项目和新增项目。

（二）基金支持的方式及标准。PPP开发性基金通过资本支持和技术援助等形式对我省PPP项目给予支持。其中资本支持方式占财政安排资金的90%，并吸引金融机构共同参与，放大财政资金倍数；技术援助方式包括项目前期费用补贴和示范项目奖励，占财政安排资金的10%。

1.资本支持。基金投资的资本金收益参照贷款基准利率确定。对于新增项目，基金按照项目公司中财政出资部分的30%给予资本金支持，总投资在10亿元以下（含10亿元）的单个项目最高支持2000万元，总投资超过10亿元的项目最高支持5000万元；对于存量项目采用PPP模式改造的，基金按不超过项目总投资的5～10%给予支持，最高不超过5000万元。对于不需要政府出具资本金的项目，基金按照上述标准为项目公司（实际给社会资本）提供支持，社会资本需相应降低政府付费标准或金额。

（1）基金的投资模式。采用股权为主、债权为辅等方式投入PPP项目。

（2）基金的退出机制。基金所投资具体项目期限5～7年，实行股权投资的，到期优先由项目的政府方或社会资本方回购；实行债权投入的，由借款主体项目公司按期归还。

（3）基金出资人的回报机制。基金按照相当于贷款基准利率确定收益，基金出资人按照当期市场最优惠的资金价格收取回报，财政出资部分收益可补贴金融机构或社会资本，或不收取收益。基金采取优先与劣后的结构，其他出资人作为优先级，财政出资人作为劣后级。

2.技术援助。

（1）前期费用补贴。列入省级备选项目库，补助项目前期费用的50%，每个项目最高补助50万元。由财政部或省级公开推介的项目，补贴前期费用的100%，每个项目最高补贴100万元，列入备选项目库时已经享受过的费用补贴金额将予以扣除（注：PPP管理中心设PPP项目库，按照意向→备选→推介→示范，四个层级逐步筛选出优质项目进行推广）。此费用将作为基金赠款提供给地方政府，可作为地方政府在项目公司中的权益。

（2）项目奖励。列入财政部全国示范的项目，每个项目奖励500万元。此费用将作为基金赠款提供给地方政府，可作为地方政府在项目公司中的权益。

五、基金的管理

（一）基金募投项目的决策。基金投资由基金决策委员会按照市场化规则决策。为了提高基金公司选择项目的准确性，减少尽职调查的时间和精力，省财政厅PPP工作内部协调机制可对省级PPP项目库内项目进行初审，推荐给基金投资决策委员会决策。

1.财政厅PPP工作内部协调机制初审。由省财政厅PPP管理中心、相关业务处室、有关领域专家等PPP工作协调机制小组成员单位5人以上单数组成审查小组，定期召开项目初审论证会，研究提出推荐项目名单。

2.基金的投资决策。由基金管理人和投资人组建投资决策委员会，负责对外投资决策。

（二）基金投资的申报管理

1.申请省PPP开发基金的项目须纳入省级项目库，由项目实施机构向所在市或县财政部门申请，经市或县财政部门审核后上报省财政厅。

2.投资决策委员会审定通过的项目，基金管理人与项目公司签订协议，明确投入规模、投入方式、收益回报、投入期限、回购机制、权利和义务等。

3.如基金投入在项目公司成立前，则基金的投入规模、期限、约定收益及回购机制等应写入PPP项目的实施方案，并在项目采购中与合作方达成一致意见，写入PPP项目合作协议。

（三）基金的拨付。根据项目的投资决策协议，由基金管理人负责资金拨付。

附件二：

江苏省PPP融资支持基金实施办法（试行）

为加快推广运用政府和社会资本合作（PPP）模式，积极发挥财政资金的导向作用，充分利用金融机构、社会资本等资金和管理的优势，推动我省基础设施和公共服务领域投融资机制创新，促进我省经济和社会发展，由江苏省财政厅发起设立“江苏省PPP融资支持基金”，并制定以下实施办法。

一、基金的设立目标

（一）体现激励引导。通过建立PPP融资支持基金，发挥引导示范效应，吸引更多的社会资金、民间资本进入我省PPP领域，增强社会资本的投资信心。

（二）扩大投资规模。发挥少量财政资金的“种子”作用，撬动金融和社会资本，达到基金10倍的放大效果，扩大基金对项目投入的规模和力度。

（三）坚持市场化运作。借助金融机构多元化的投融资服务和项目管理经验，按市场化原则运作，强化风险管控，规范PPP融资支持基金的投向使用，加大对重点项目的支持力度。

（四）推动PPP模式运用。发挥基金对PPP项目的引导扶持作用，提高市、县政府运用PPP模式的积极性，扩大PPP模式的推广运用范围，创新我省重点基础设施和公共服务领域投融资管理机制，增加公共产品和服务供给。

二、基金的发起与设立

（一）基金名称：江苏省PPP融资支持基金。

（二）基金管理：通过政府购买服务的方式委托有资质、有基金管理经验和良好业绩的机构管理运作（下称“基金管理机构”）。

（三）基金规模：人民币100亿元，每20亿元为一个子基金。

（四）基金期限：10年，10年到期后如仍有项目未退出，经出资人同意可延长。

（五）基金出资人构成：

1. 财政出资人：①省财政厅；②部分市、县财政局。

2. 其他出资人：①若干家银行机构；②保险、信托资金；③其他社会资本。

（六）基金的募集：

省及市、县财政发起出资共10亿元，银行、信托、保险等其他出资人采取认缴制，以9亿元为一个份额单位，每家出资机构（允许出资机构组成联合体参与认缴）最少认缴1个份额单位，最多认缴2个份额单位，具体出资份额通过公开竞价后以合同形式约定。每个子基金由1～2家其他出资人及财政出资人组成，其中财政出资占10%。

三、基金的投资与收益

（一）基金的投资范围：根据我省PPP模式推广运用规划，基金将用于我省经财政部门认可且通过财政承受能力论证的PPP项目，优先投入省级以上试点项目及参与出资市、县的项目。

（二）基金的投资模式：基金可以股权、债权等方式投入PPP项目，市场化运作，专业化管理。采取股权方式投资的，每一个项目股权投入的基金不超过注册资本金的50%，最多不超过4亿元，且与项目社会资本方出资按比例同步到位。采取债权投入的，每一个项目不超过子基金规模的20%。

（三）基金的投资期限：基金所投资具体项目期限不超过5年（包括回购期）。实行股权投资的，到期优先由项目的社会资本方回购，社会资本方不回购的，由市县政府方回购，并写入项目的PPP合作协议中；实行债权投入的，由借款主体项目公司按期归还。

（四）基金的收益来源：

1. 所投资PPP项目的股权分红收益及股权转让增值收益。

2. 对PPP项目债权投入产生的利息收入。

3. 基金间隙资金用于稳健类金融产品产生的收入。

4. 其他合法性收入。

（五）基金对投资项目的收益获取机制：

实行股权投资的项目，按股权的比例享有收益；实行债权投入或以固定回报注入资本金方式的项目，按约定的固定回报率获取收益，最高不超过同期人民币贷款基准利率的1.1倍。

（六）基金出资人的回报机制：

1. 每个子基金均采取优先与劣后的结构，其他出资人作为优先级，财政出资人作为劣后级。

2. 基金出资人的回报采取固定收益加浮动收益的办法，按年分配，子基金每年所得收益，首先用于分配优先级出资人约定的同期人民币贷款基准利率0.9～1.3倍的固定收益（按公开竞价方式确定）；收益超过所有出资人的固定收益的剩余部分，作为浮动收益分配，优先级与劣后级出资人分别按30%与70%的比例分配。

3. 如子基金年度收益不足以分配优先级出资人的固定收益部分，由省财政予以补足。

4. 参与出资的市、县如未获得基金投入的，其财政出资部分可享受优先级的固定收益。

四、基金的管理与风险控制

（一）基金的投资决策：

1. 基金成立投资决策管理委员会（简称“投委会”），由省财政厅、出资5000万元以上的市或县财政局、其他出资人单位相关负责人等7人以上单数组成。主要负责审定基金章程、项目投资策略、项目监督管理制度、基金收益分配办法等重大事项。

2. 按子基金设立项目审定委员会（简称“项目审委会”），由省财政厅、出资5000万元以上的市或县财政局、基金出资人单位相关负责人等5人以上单数组成，负责子基金具体项目投资的审定。各出资人按出资份额享有表决权，出资不足5000万元的市、县财政由省财政代为行使表决权。项目审委会召开项目审查会议，到会人数、表决权数需同时满足应到人数、应到表决权数半数以上，表决事项获得到会全部表决权55%（含）以上同意的予以通过，省财政厅享有一票否决权。

3. 基金管理机构负责对项目进行前期可行性审查，出具审查报告，同时负责资金召集、资金投放、项目监管、基金账户管理、间隙资金运作等方面工作，并做好事前、事中、事后的全流程信息披露。

4. 项目审委会召开前45日，省财政厅PPP中心将拟上会项目可行性审查报告提交给子基金各出资人，包括项目情况及拟投入金额、期限、方式、回报、退出机制等初步方案。项目审委会审查表决获通过的项目，由各出资人按认缴比例出资。项目审委会需就通过的事项在会议决议上签字确认。

（二）基金投资的申报管理：

1. 申请省PPP融资支持基金的项目须向所在地市或县财政部门申请，经市或县财政部门审核后上报省财政厅PPP中心。

2. 项目审委会审定通过的项目，委托基金管理机构与项目的政府方及社会资本方或项目公司签订协议，明确投入规模、投入方式、投入期限、收益回报、回购机制、权利和义务等。

3. 如基金投入在项目公司成立前，则基金的投入规模、期限、约定收益及回购机制等应写入PPP项目的实施方案中，并在项目采购中与合作方达成一致意见，写入PPP项目合作协议中。

（三）基金的出资与拨付：财政出资人出资部分在基金成立之日到位；

其他出资人实际出资采取招款机制，根据项目的投资决策决议，基金管理机构向各出资人发出通知，出资人在收到通知十个工作日内按认缴比例支付资金。

（四）基金的日常管理：在基金投委会下设立基金管理办公室，由省财政PPP中心和出资人单位联系人组成，负责投资决策管理委员会、各子基金项目审委会决定的各事项落实、基金日常运行、沟通联络、项目情况跟踪管理、基金信息的反馈与发布、对基金管理机构的考核与管理等。办公室设在省财政PPP中心，办公室主任由省财政PPP中心负责人兼任。

（五）基金的风险控制措施：

1. 基金管理机构应加强项目运营情况跟踪督查，发现异常情况，及时向子基金项目审委会报告。

2. 针对项目情况，项目审委会可根据基金管理机构的建议，表决项目投资期限延长或缩短。

3. 基金将遵循分散配置原则，投资于省内多个PPP项目，控制单个项目投资规模，以达到分散风险和带动社会资本的双重作用。

4. 按照收益共享、风险共担的原则，如投资项目失败，首先由基金管理机构承担10%的损失（最多不超过子基金管理费的2倍），其次，由省财政、市县财政以子基金的出资金额承担风险，项目的剩余损失由其他出资人在出资金额内按比例承担。

此办法自2015年7月10日起施行。

融资创新之商业银行亟待创新

众所周知，PPP项目具有资金需求量大、投资周期长、收益有限及风险较大等特点。一方面，社会资本资金不足；另一方面，信托等存在三五年的赎回问题，难以长期支持PPP项目。反观银行，则既满足提供大量资本，又满足长期贷款的需求。

在PPP的发展过程中，资金主体多元化是一种发展趋势。但从目前来看，银行资金仍将发挥重要作用，银行贷款仍是一种重要的模式，商业银行仍将是PPP模式的重要融资来源。

在金融方面，国家对PPP项目的政策性金融支持也已开闸。国家发改委联合国开行已印发《关于推进开发性金融支持政府和社会资本合作有关工作的通知》，提出由国开行对PPP项目提供利率优惠，最长可达30年贷款期限等方面的差异化信贷政策。

2014年，国家开发银行河北省分行与专注于烟气治理、水处理、环境监测等业务的H公司签订战略合作协议，由国家开发银行河北省分行给予H公司PPP项目资金支持。目前双方合作良好。

不过，目前，我国商业银行参与PPP仍处于起步阶段且发展冷热不均的状况。中国银行国际金融研究所副所长宗良认为，PPP是政府和社会资本为提供公共产品或服务而建立的全过程合作关系。从商业银行角度来看，PPP在履行其传统功能作用的基础之上，将会通过金融途径强化银行、政府以及民间的合作关系，从而更好地发挥PPP的功效。

第一，PPP是拓展综合金融服务的重要抓手。PPP模式以往较多地应用在公路、桥梁等基础设施建设领域，未来PPP模式将渗透到城镇化建设等关乎民生的更多领域，同时还能推动金融创新，这为商业银行拓展包括资产、负债、服务类产品提供了广阔的空间。

第二，PPP是银、政、民合作的桥梁。商业银行的加入将有助于促进民间资本参与、缓解地方债务压力并盘活存量资产、提高政府公共服务的水平和效率。第三，PPP是提升商业银行经营水平的契机。PPP融资模式的兴起将在为商业银行提供投资新途径的同时，倒逼银行业加强自身的风险防范机制和金融创新能力，在客户和项目选择、特许经营权法律风险的研判、贷后管理的深度及持续性方面取得进展。

笔者了解到，虽然国家开发银行有政策支持，但商业银行的政策并不明朗。一些商业银行仅对存量项目进行续贷，而对新建项目基本上不予提供融资支持。监管部门没有明确的支持PPP相关政策可能是影响其积极性的因素。商业银行相关政策制约，成为PPP项目落地的一大障碍。

此外，PPP项目本身的特点和风险，也是商业银行参与PPP项目积极性不够的重要原因。

第一，PPP项目本身多是在建项目（以BOT为主），可资抵押的资产不够，达不到商业银行的抵押要求。

第二，PPP项目本身存在较大不确定性。与传统方式相比，PPP项目周期长、融资金额大，而商业银行进行长期融资也很可能导致自身的流动性危机。

以某水处理公司在华北某地投资的一起规模近6亿的引水项目为例，某水处理公司商业计划书中对“项目风险”的分析为：

一是运营风险。

项目的运营中主要的风险有：

水费的收缴率。公司对当地供水情况及当地企业没有足够的熟悉度和控制力，水费能否及时足够收缴存在风险。

用水量的变化。现有供水工程设计负荷比较大，收益比较依赖于未来的人口增长和企业的扩张。

水价调价风险。在长期的运营中随着人力、材料成本的提升，水价的调整影响公司收益很大。但是作为第三方的运营公司调水价受政府制约较大，是否能够及时调整存在一定的风险。

二是支付风险。

基于运营风险分析选择的合作模式，项目的业务收入全部来自于政府支付，其支付能力和信用则成为公司收益的最大风险。

第三，PPP项目一般是市场化投资模式，没有兜底机制。PPP模式下项目的各个参与方均实施风险共担的原则。各方参与者共同分担项目运营的风险，作为政府不需要承担兜底的责任，这与传统的模式明显不同，包括信用风险和市场风险等潜在的风险大。

因此，商业银行还要积极创新，为PPP项目提供更多的融资，使更多的优质PPP项目在我国尽快落地生根。

在PPP项目中，商业银行承担综合化的融资服务角色，一是为PPP项目提供良好的金融资源，二是还参与到项目的设计、开发等顾问服务。

据了解，目前国内有部分商业银行对PPP项目采取“投贷联动”模式，即通过发放贷款和运用投行资金的形式对PPP项目投资。发放贷款使得商业银行成为PPP项目的债权人，投行资金的介入使得商业银行成为PPP项目的股东，商业银行既获得利息收入，也可以获得股息收入，这有助于调节银行收入结构。

贷款和投行资金的联动，还可以降低银行大规模贷款带来的风险，投行资金的参与也为银行更好地参与PPP项目的运作提供了良好的契机。

从另一个角度，PPP模式的推广也会为商业银行带来更多业务和机会。鉴于PPP项目所在的领域大多为基础设施建设及民生相关领域，有较好的现金流，在社会资本减少风险的情况下，将能够更好地保证商业银行投资资金的相对安全和稳定的回报率，从而大大提高商业银行参与PPP模式的积极性。

同样以前述某水处理公司在华北某地投资的一起规模近6亿元的引水项目为例，在给某商业银行的商业计划书中，某水处理公司对控制“支付风险”的方式为：

一、合同阶段要约定，项目的支付要作为财政的刚性预算，专款专用。

二、对政府进行财政支付能力测试，考察其持续支付能力。

三、探讨支付担保、项目保险等风险防范措施的可行性。

四、合同中详细约定未来可能出现的特殊情况和违约责任，从法律上进行约束。

“互联网+PPP”大有可为

经过多年的发展，互联网迎来了“最好的时代”。信息化是当代现代化的核心枢纽和平台，我们已经进入一个“万物互联”的伟大时代。

2015年3月5日，李克强总理在政府工作报告上提到，制定“互联网+”行动计划。这意味着，将培育更多的新兴产业和新兴业态，形成新的经济增长点，促进经济社会各领域融合创新。

至此，“互联网+”战略上升至国家层面。

何谓“互联网+”？2015年3月5日李克强总理政府工作报告这样解释：推动移动互联网、云计算、大数据、物联网等与现代制造业结合，促进电子商务、工业互联网和互联网金融健康发展，引导互联网企业拓展国际市场。

李克强表示，要实施高端装备、信息网络、集成电路、新能源、新材料、生物医药、航空发动机、燃气轮机等重大项目，把一批新兴产业培育成主导产业。制定“互联网+”行动计划。

2015年6月25日召开的国务院常务会议，部署推进“互联网+”行动，通过了《“互联网+”行动指导意见》，明确提出要推进“互联网+”，促进协同制造、现代农业、公共服务等11个重点领域的发展。

互联网无处不在，应用亦无所不及。“互联网+”的本质是一种新的经济创新模式，政府要为“互联网+”行动计划提供良好政策环境。它是对传统行业的升级换代，不是颠覆传统行业。移动互联网对原有的传统行业起到了很大的升级换代的作用。“互联网+”意义重大，把“互联网+”行动计划具体落实到经济发展战略规划和政策措施上，可以促进发展转型升级；完善基本公共服务体系，增加公共产品、公共服务的“双引擎”；转变政府职能，地方政府完善治理体系和提升治理能力的实现途径。

当今世界，信息技术革命日新月异，互联网已经融入社会生活的方方面面。信息技术在发生重大变革的同时，也深刻改变了整个社会的生产方式、生活方式、消费方式以及治理方式。

事实上，“互联网+”早已融入到人们生活中，只是之前没有上升到目前的理论高度，也没有上升到国家层面大力推广，比如传统广告+互联网有了百度，传统集市+互联网有了淘宝，传统百货卖场+互联网有了京东，传统银行+互联网有了支付宝，传统交通+互联网有了快的滴滴，等等，不一而足。

换句话说，之前做得风生水起且声名赫赫的行业巨头阿里巴巴、百度、腾讯、京东等便是“互联网+”的产物。人们更多关注的是百度、淘宝、京东等行业巨头本身，更多地将之理解为一家单纯的互联网企业。而互联网金融、电子商务、电子支付、在线教育、在线旅游、云计算、大数据、网络安全、物联网、车联网、移动医疗、云平台等，无不是“互联网+”的表现形式。

其实，这些企业正是“互联网+”的产物。目前，腾讯、阿里巴巴以及百度等一批平台型的企业已经形成了一定规模的产业生态系统。

在腾讯董事局主席兼首席执行官马化腾看来，“互联网+”战略就是利用互联网的平台，利用信息通信技术，把互联网和包括传统行业在内的各行各业结合起来，在新的领域创造一种新的生态。

研究显示，互联网大潮已经波及到第三产业，以迅猛的态势形成了诸如互联网金融、互联网交通、互联网医疗、互联网教育等新业态。不仅如此，“互联网+”模式正快速向第一和第二产业渗透。

一句话，“互联网+”引发了新一轮互联网拥抱传统产业的大潮，是这个时代的一次巨大产业革命，将深刻改变各个产业的发展思路和路径。

中央在发力推广“互联网+”的同时，大力推广PPP模式，PPP就是强调政府与社会资本的合作，发挥政府和社会资本双方的优势，为公众提供更有效益和效率的服务，对我国基础设施和公用事业的发展影响深远。

推广运用PPP模式是立足当前、着眼长远的重大经济改革任务。

如前所述，PPP模式，通常是指公共部门与私人部门为提供公共服务而通过正式的协议建立起来的一种长期合作伙伴关系，其中公共部门与私人部门互相取长补短，共担风险、共享收益。

2015年，“互联网+”和“PPP”模式同时被提升到国家战略高度，在这两大因素的作用下，国内环保产业的主体结构、运营模式、融资渠道都已经发生重大变革，行业生态正在重塑，其中蕴含着巨大的投资机会。

“互联网+”和PPP模式，无疑都是当下中国的热门经济形态。研究显示，

“互联网+”和PPP模式两者已经发生了碰撞和融合。“互联网+PPP”，即“互联网+PPP行业=互联网PPP行业”。

那么，当这两种经济形态碰撞、融合在一起，会闪耀出怎样的火花？又会产生怎样的化学反应？如何正确认识“互联网+”、在实践中推进“互联网+PPP模式”，是值得深入思考和研究的课题。

随着环境问题的凸显，环境成为公众关注的核心话题之一。而伴随着互联网科技的迅猛发展，移动客户端、云计算、大数据等逐渐进入人们的视野。作为PPP领域重要的环保行业，也在积极寻求与“互联网+”的亲密接触。

那么，“互联网+”和PPP模式应该如何结合形成可操作的市场合力呢？

笔者认为，“互联网+”可以理解为“互联网+各个传统行业”，但这并不是简单的两者相加，而是利用信息通信技术以及互联网平台，让互联网与传统行业进行深度融合，创造新的发展生态。

通过PPP领域的环保与“互联网+”的成功牵手，无疑迸发出巨大的能量。将环境要素信息与互联网结合是中国环保领域的一大趋势，通过互联网实现各种环境要素的信息共享，进而解决环境问题。

“互联网+PPP环保”，是指在环境保护领域，充分利用互联网思维，借助互联网平台，推动建立线上线下互动，建立全民参与、全员监督、各尽其责的社会参与机制，实现把生态文明的要求真正融入社会建设各方面，切实提高我国生态文明建设的水平和质量。

但现实情况却是，PPP项目主要对象为基建和市政项目，这些产业长期处于手工时代，相当多的技术数据遗失，或凭操作人员经验，这为“互联网+”的介入制造了障碍、埋下了隐患。

笔者曾见证过国内一个污水处理厂PPP项目，主要是通过某环境治理公司的技术优势，建设包含卫星遥感监测平台、无人机环境监测分析平台和物联网就地监测平台为一体的综合环保信息服务平台，涉及工业烟气污染防治、水污染防治及固体废弃物处理等领域，覆盖火电、石化、冶金、水泥、玻璃制造及城市集中供热等多个行业，对工业节能减排、生态环境监测、国土资源监测及城市交通管理、规划监控等领域进行在线监测，其应用主要接口环保、水务、国土、林业、城管、规划等主要单位。

同时，在涉及上述污水处理厂项目时，该污水处理厂相当多的技术数据遗失、重要的基础资料不全，无法科学地通过“互联网+”在线监测。

此外，道路、水务、河道等基建项目和市政项目在不同的地方，职能管理部门并不相同。比如污水处理，有的地方归水务局负责，有的地方归住建局。职能部门的不统一造成了操作上的困难，各职能部门的数据都只为自己的部门服务，没有统一的口径服务。这不利于“互联网+”技术的移植。

因此，当务之急是以“互联网+”和PPP模式为主要抓手，组织技术专家完善PPP项目的数据库，搭建“互联网+”为特征的大数据平台。具体可以按照以下的方式解决。

笔者认为，上述过程虽然繁琐，可能会遇到这样那样的问题和障碍。但这是个绕不过去的坎，没有基本的数据作支撑，大数据平台无法建立，以后管理部门也无法作出科学决策，自然无法达到“互联网+PPP模式”的完美效果。

笔者在实际操作中，也有一些“互联网+PPP环保”的成功典范。

2015年，某环境服务公司通过开发无人机项目，与北方某省在PPP领域的环保进行合作。通过无人机与大数据平台，对该省大气、水、土壤以及矿山进行环境在线监测，取得了良好的效果。

据了解，目前我国各地环保部门正积极建设环境信息数据中心，并且将环境信息化建设进行统一运维，统一平台登录、统一平台建设、统一建设标准。通过信息化建设推动跨地域、跨部门的信息互动和资源共享，环保部门对大气、水、土壤等进行在线监测。在监测领域互动平台建设大趋势下，多家环境监测企业通过PPP的方式与政府、排污企业进行合作，展开多元监测布局，开展大数据合作业务。

在“互联网+”和“PPP”两大因素的作用下，国内节能环保产业生态正在重塑，有着巨大的投资机会。自“互联网+”的概念提出后，“互联网+”已经成为时代的发展潮流，各行各业开始纷纷积极找寻自身与其契合的点，希望借助“互联网+”的风口一起飞起来。

2015年5月28日，全国首家以环保产业链为核心的“互联网+环保”平台——“三分地”上线试运营。平台核心业务涵盖：全程危险废物综合利用、有色金属、稀贵金属、稀散金属、稀土金属、富氧微晶石等产品现货交易及在线金融服务等，为环保产业上下游企业提供一站式服务支撑。分析认为，三分地平台上线开创性的利用互联网思维与信息通信技术，构建全新环保产业互联网生态，有望推动环保产业万亿级规模市场的大爆发。

目前，以互联网、大数据、云计算为代表的“互联网+”在环保领域已经有了初步的发展和应用。

在笔者实际操作的“互联网+PPP环保”项目中，有一例PPP污水处理项目，通过互联网技术、借助互联网平台、融合了污水处理前端后端各类信息于一体的IC卡发挥了重要的作用。通过IC卡在现场的运用，做到了污染物排放的实时监控。

“互联网+”给环保行业带来的不仅是政策上的指南，还是一种思维上的改变，更是一种观念上的转变。

中国环境修复产业联盟秘书长高胜达曾向媒体表示，“我理解的‘互联网+’，是用互联网的思维和工具，改变传统行业。”

总之，“互联网+”是一个非常有前景的技术平台，通过和PPP环保整合起来，中国的环保事业将大大推进。

第8章

PPP模式与环境保护

近年来，我国密集出台了很多环保政策。对于政府来说，一边是资金压力巨大，一边是亟待解决的环境污染问题。双重压力之下，通过创新投融资模式治理环境污染成为必然。PPP模式成为解决环境治理资金问题的重要举措。环保行业近年来对社会资本的吸引力优于其他公用事业，在PPP模式推广过程中具备“近水楼台”的优势。

环保“接驳”与海绵城市建设

按照国家发改委2015年5月公布的信息，1043个PPP项目，总投资约为1.97万亿元。国家鼓励各类社会资本通过特许经营、政府购买服务、股权合作等多种方式参与建设及运营。

而在PPP模式的实践领域，已开始由初级阶段的基础设施逐步向能源、环保等深层次领域发展。上述国家发改委公布的1043个PPP项目，范围涵盖水利设施、市政设施、交通设施、环保、农业和水利等多个领域。

实际上，作为目前的热门行业，环保正“接驳”PPP模式。

那么，环境保护为何“接驳”PPP模式，又是如何“接驳”的呢?

首先，我国环境保护形势严峻。

2015年6月，环保部发布《2014中国环境状况公报》。

2013年，全国生态环境质量总体“一般”。在2461个县域中，“优”“良”“一般”“较差”和“差”的县域分别有558个、1051个、641个、196个和15个。生态环境质量为“优”和“良”的县域占国土面积的46.7%，“一般”的县域占23.0%，“较差”和“差”的县域占30.3%。

大气污染方面。随着工业发展、城镇化提速以及人口数量的膨胀，我国面临着十分严峻的环境形势。

2005～2014年期间，环境保护部直接处置的环境污染事件共1078起，其中重特大事件83起。

下面从固、液、气三方面来分析。

《2014中国环境状况公报》显示，在2014年全国开展空气质量新标准监测的161个城市中，仅有16个城市空气质量年均值达标，145个城市空气质量超标，达标城市不足10%。全国有470个城市（区、县）开展了降水监测，酸雨城市比例为29.8%，酸雨频率平均为17.4%。

全国423条主要河流、62座重点湖泊（水库）的968个国控地表水监测断面

（点位）开展了水质监测，Ⅰ、Ⅱ、Ⅲ、Ⅳ、Ⅴ、劣Ⅴ类水质断面分别占3.4%、30.4%、29.3%、20.9%、6.8%、9.2%，主要污染指标为化学需氧量、总磷和五日生化需氧量。329个地级及以上城市开展了集中式饮用水水源地水质监测，取水总量为332.55亿吨，达标水量为319.89亿吨，占96.2%。在4896个地下水监测点位中，水质优良级的监测点比例为10.8%，良好级的监测点比例为25.9%，较好级的监测点比例为1.8%，较差级的监测点比例为45.4%，极差级的监测点比例为16.1%。

春季、夏季和秋季，全海域劣于第四类海水水质标准的海域面积分别为52280平方千米、41140平方千米和57360平方千米，主要分布在辽东湾、渤海湾、莱州湾、长江口、杭州湾、浙江沿岸、珠江口等近岸海域。全国近岸海域301个国控监测点中，一、二、三、四及劣四类海水分别占28.6%、38.2%、7.0%、7.6%、18.6%，主要污染指标为无机氮和活性磷酸盐。

我国水污染情况非常严重。近几年，中国重大环境污染以及事故频频发生，水污染事故占一半左右。据监察部的统计显示，近10年来我国水污染事件高发，水污染事故近几年每年都在1700起以上。在全国城镇中，饮用水源地水质不安全涉及的人口约1.4亿人。水利部在2015年公布的数据显示，目前我国水库水源地水质有11%不达标，湖泊水源地水质约70%不达标，地下水水源地水质约60%不达标。

在地下水方面，在全国范围内，由于地下水分布广、水质好、储存量大，在很大程度上弥补了地表水时空分布不均、动态变化大的不足，因此成为许多地区特别是北方地区重要要供水水源。

近年来，笔者深入河北、山东、湖北、湖南、广东等多个省市调研，了解到随着人口增加和城市化进程的加快，多地都面临着水资源短缺和水环境污染的情况，有的地方污染情况十分惊人，大大地影响了人民的生活健康以及经济的可持续发展。

国家发改委发布了多省份2015年重点流域水污染治理投资计划。截至2015年8月11日，已发布18省份的投资计划，总投资为264.89亿元，其中中央预算内投资为75.92亿元，主要涉及的项目包括污水处理、污水改造、中水回用、建设管网、污泥处理、垃圾处理等。

如河北省计划安排该省水污染治理项目总投资21.0758亿元，下达中央预算内投资4.88亿元，建设规模为污水处理33.8万吨/日，污水改造35万吨/日，中水回用

29.5万吨/日，建设管网363.57公里，污泥处理1000吨/日。

2013年，环境保护部等七部门组成的联合调研组在对京津冀地区生态环境保护问题开展调研后，评价当前京津冀地区的水安全为“水资源严重短缺、水环境严重污染、水生态严重受损，三者交互影响、彼此叠加。”

2015年4月，中共中央政治局审议通过《京津冀协同发展规划纲要》。

PPP模式为京津冀协同发展提供了一种崭新的思路和方法，有利于以不增加政府负担以及市场化运作的方式解决京津冀的交通、能源、环保等行业所需要的大量资金。

国务院发展研究中心宏观经济研究部副部长孟春认为：“投融资机制至关重要，有钱才能把事情办好，光靠财政不可能承担如此巨额的投入，需要千方百计地调动社会资本，参与京津冀的协同发展，分享京津冀发展带来的收益，也相应的需要体制机制的创新和民间资本的参与。”所以他认为，在京津冀协同发展下，PPP模式的推广应用有很大的机遇，尤其是在交通与环保方面。

完善京津冀PPP项目的协调机制，强化统筹管理，合理设置付费机制，平衡各方利益，创新PPP模式合作方式，将为京津冀一体化的实施提供更多可能。

与大气、水和垃圾污染相比，土壤污染具有潜在性、隐蔽性和滞后性的特点，土地污染问题在过去受到的关注很少，但其危害不容忽视。

《全国土壤污染状况调查公报》显示，全国土壤环境状况总体不容乐观，部分地区土壤污染较重，耕地土壤环境质量堪忧，工矿业废弃地土壤环境问题突出。首次全国土壤污染状况调查结果显示，全国土壤总的点位超标率为16.1%。此外，中国现有土壤侵蚀总面积占普查范围总面积的31.12%。

面对当前的环境状况，中国政府高度警醒。

国务院总理李克强指出，尽管经济存在下行压力、稳增长面临挑战，我们仍要坚定不移地推进节能减排。必须努力走出一条能耗排放做“减法”、经济发展做“加法”的新路子。

根据环保部的部署，环保部门将集中打好大气、水、土壤污染防治三大战役。在大气污染治理方面，着力推进重点行业达标整治，加大燃煤小锅炉淘汰力度，持续推进油品质量升级。

2013年9月，国务院发布《大气污染防治行动计划》，这是当前和今后一个时期全国大气污染防治工作的行动指南。《行动计划》提出，经过五年努力，使全国空气质量总体改善，重污染天气较大幅度减少；京津冀、长三角、珠三角等区域空气质量明显好转。力争再用五年或更长时间，逐步消除重污染天气，全国空气质量明显改善。具体指标是：到2017年，全国地级及以上城市可吸入颗粒物浓度比2012年下降10%以上，优良天数逐年提高；京津冀、长三角、珠三角等区域细颗粒物浓度分别下降25%、20%、15%左右，其中北京市细颗粒物年均浓度控制在60微克/立方米左右。

在水污染治理方面，坚持地表与地下、陆上与海洋污染同治理，节水与净水、水质与水量指标共考核，力求通过实行最严格的源头保护制度、损害赔偿制度、责任追究制度、生态修复制度，保护和修复水生态环境。

2015年4月，国务院下发《水污染防治行动计划》，指出到2020年，全国水环境质量得到阶段性改善，污染严重水体较大幅度减少，饮用水安全保障水平持续提升，地下水超采得到严格控制，地下水污染加剧趋势得到初步遏制，近岸海域环境质量稳中趋好，京津冀、长三角、珠三角等区域水生态环境状况有所好转。到2030年，力争全国水环境质量总体改善，水生态系统功能初步恢复。到21世纪中叶，生态环境质量全面改善，生态系统实现良性循环。到2030年，全国七大重点流域水质优良比例总体达到75%以上，城市建成区黑臭水体总体得到消除，城市集中式饮用水水源水质达到或优于Ⅲ类比例总体为95%左右。

在土壤污染治理方面，紧紧抓住农用地和建设用地两个重点，提出保护、禁止、限制和控制的措施要求，持续推进污染场地治理修复项目。

在土壤经济发达地区已开始有所行动。

上海、江苏、浙江等省市地方政府2014年报告均有提及土壤污染治理，因此，我们估计全国性的相关土壤污染防治的政策出台时间为期不远，从而驱动数万亿土壤污染防治市场的启动。

笔者在实践中，多地政府对土壤污染的环境治理具有高度的认识，并有较为详细的工作计划。

在2015年两会期间，环保部部长陈吉宁表示，目前环保部正在起草土壤污染防治法。据了解，被称为“土十条”的《土壤环境保护和污染治理行动计划》已由环保部提交至国务院审核，预计很快会出台。

这是继《大气污染防治行动计划》和《水污染防治行动计划》之后的又一个重点污染治理计划。

正如环保部部长陈吉宁指出，中国生态文明建设和环境保护正在以前所未有的力度加快推进。

根据国际经验，污染治理投资占GDP的比例达2%～3%时，环境质量才可得到明显改善。过去10年，中国这个比例始终低于2%，其中有8年低于1.5%。2013年，中国GDP为56万亿元。如果达到2%，污染治理投资可以超过1万亿元。

近年来，我国环境污染治理投资总额呈上升趋势。仅“十一五”期间，环境治理投资总额就由2006年的2566亿元，增加到2010年的7612亿元，增幅近3倍。步入“十二五”，环境治理投资总额又有了大幅度增加，截至2013年，投资总额已达9516亿元，与2006年相比，增幅达到3.7倍。

进入2015年，多家环保上市公司的PPP项目正纷纷落地。

随着政府对PPP模式的暖风频吹，整个环保领域都将迎来订单密集期。广发证券指出，随着未来更多扶持政策的持续出台，PPP带来的更多项目订单将加速释放，环保企业通过PPP模式承接的项目体量将是以往的数十倍。

此外，海绵城市的建设也为PPP模式的推广提供了机遇。

2015年9月29日，国务院总理李克强主持召开国务院常务会议，要求大力建设海绵城市，提高城镇化质量。

随着新型城镇化的推进，地下城市的建设也逐渐获得重视。

所谓的海绵城市，专家称海绵城市是一种理念，是从“源头减排、过程控制、系统治理”着手，通过城市规划、建设的管控，综合采用“渗、滞、蓄、净、用、排”等工程技术措施，控制城市雨水泾流，实现低影响城市开发建设（LID），最大限度地减少由于城市开发建设行为对原有自然水文特征和水生态环境造成的破坏，将城市建设成“自然积存、自然渗透、自然净化”的“海绵体”。即城市像海绵一样，遇到有降雨时能够就地或者就近吸收、存蓄、渗透、净化雨水，补充地下水、调节水循环；在干旱缺水时有条件将蓄存的水释放出来，并加以利用。

国务院常务会议要求，自2015年起，要在城市新区、各类园区、成片开发区全面推进海绵城市建设，在基础设施规划、施工、竣工等环节都要突出相关要求。增强建筑小区、公园绿地、道路绿化带等的雨水消纳功能，在非机动车道、人行道等扩大使用透水铺装。海绵城市要与地下管廊、棚户区、危房改造和老旧小区更新相结合，加强排水、调蓄等设施建设，尽快解决城市内涝、雨水收集利用和黑臭水体治理等问题。

按照每个城市平均25亿元左右的投资测算，海绵城市的建设将拉动超过1.5万亿元左右的投资。

在力推海绵城市建设时，李克强特别要求，总结推广试点经验，采取PPP、政府采购、财政补贴等方式，创新商业模式，吸引社会资本参与项目建设运营。将符合条件的项目纳入专项建设基金支持范围，鼓励金融机构创新信贷业务，多渠道支持海绵城市建设，使雨水变弃为用，促进人与自然和谐发展。

PPP模式能解决环境治理资金不足的问题

《大气污染防治行动计划》（简称“大气十条”）《水污染防治行动计划》（简称“水十条”）已经发布，《土壤环境保护和污染治理行动计划》（简称“土十条”）也将出台……三大行动计划稳步推进。

据测算，从2013年起，“大气十条”就已经带来了1.7万亿元的投资，预计到2020年，水污染防治资金需求将达4万亿元；于2015年4月发布的“水十条”预计将在全国范围拉动2万亿元的投资规模；“土十条”则将为土壤修复治理产业吸引约10万亿元的投资。

环保部相关负责人表示，在大气、水、土壤三个“十条”以及PPP等新模式的推进下，“十三五”环保市场潜力巨大，总的社会投资有望达到17万亿元。

三大行动计划是环保系统的最重要政策体系之一，可以说，密集出台的环保政策及我国铁腕治污带来的环保持久战，将开启一场万亿元环保盛宴。

不仅如此，大气、水和土壤治污的三大战役将为中国经济带来新的增长点。

以水污染防治为例。在2015环境技术产业论坛上，环保部相关负责人称，据测算，实施“水十条”预计可拉动GDP增长约5.7万亿元，将带动环保产业新增产值约1.9万亿元，其中，直接购买环保产业产品和服务约1.4万亿元。

赵英民指出，以环境质量改善为核心的时代，将环保产业从末端治理转向全生命周期的生产绿色化；以环境质量改善为核心的管理模式，给环境治理体系和能力提出了新的要求。这些都为环保产业的发展创造了巨大的空间。

而政策一旦出台，接下来便是资金的问题。在资金支持方面，2014年中央财政先后安排专项资金100亿元，支持各地开展大气污染防治；在水污染防治方面，安排专项资金55亿元，支持55个水质较好的湖泊保护；安排59亿元专项资金，支持农村环境连片整治，持续强化土壤污染防治。

不过，面对高达数万亿元甚至十万亿元级的环保领域投资，中央财政给予的财政支持显然还有相当的差距。而一直以来，对于包括环保（大气污染治理、水污染治理、土壤污染治理等）在内的基建和社会公益项目，都主要由地方政府主导。

而现实情况却是，地方政府经过多年的大规模投资，目前已是债台高筑，地方可支配财力捉襟见肘。更为重要的是，过去地方政府借债投资的模式以2014年10月2日国务院发布的《国务院关于加强地方政府性债务管理的意见》而暂告结束。43号文对地方债务开启了严监管模式，地方政府借钱无法再任性。此外，2015年“两会”期间，财政部宣布将实施地方政府债务置换计划，并已将1万亿元发债额度下达各省。

正如环保部高层人士所言，目前已经和正在制定的关于大气、水和土壤三大环保行动计划投资需求将超6万亿元，中央财政供给与总体需求差距很大，地方财政投入严重不足；同时，政府投资效率有待提高。

环保部相关负责人表示我国经济下行，中央财政收入减缓，靠中央财政满足不了环境治理所需的资金。

一边是债台高筑、还债压力巨大的地方政府，一边是亟待解决的环境污染问题。双重压力之下，我国开始改变思路，通过创新投融资模式以突破融资瓶颈，寻找治理环境污染的长效机制。PPP模式成为解决环境治理资金问题的重要举措。

事实上，2014年以来，我国从顶层设计到实地推广，从中央布局到地方政策，从政府主动联系到社会资本积极响应，PPP发展步伐明显加快。

首先，中央政府从顶层设计入手，创新投融资模式。

2014年8月8日，国务院印发的《国务院关于近期支持东北振兴若干重大政策举措的意见》称，在城市基础设施建设、环境治理等领域，积极推广PPP等模式。

2014年11月26日，国务院发布《关于创新重点领域投融资机制鼓励社会投资的指导意见》，提出创新生态环保投资运营机制，推动环境治理市场化。“推广政府和社会资本合作（PPP）模式。认真总结经验，加强政策引导，在公共服务、资源环境、生态保护、基础设施等领域，积极推广PPP模式，规范选择项目合作伙伴，引入社会资本，增强公共产品供给能力。政府有关部门要严格按照预算管理有关法律法规，完善财政补贴制度，切实控制和防范财政风险。健全PPP

模式的法规体系，保障项目顺利运行。鼓励通过PPP方式盘活存量资源，变现资金要用于重点领域建设。”

长期从事环保基础设施项目投资评估的环境问题专家于晓东说，这是中国投资建设领域的一个重大转变，是一个明确的政策导向。“地方政府以前很犹豫，现在思想的栅栏可以打开了”。

国务院发布通过PPP模式创新投融资运营机制后，相关部委亦出台文件。

2014年11月29日，财政部《关于印发政府和社会资本合作模式操作指南（试行）的通知》出台，第六条规定，“投资规模较大、需求长期稳定、价格调整机制灵活、市场化程度较高的基础设施及公共服务类项目，适宜采用政府和社会资本合作模式。”

2014年12月2日，国家发改委文件《国家发展改革委关于开展政府和社会资本合作的指导意见》第三条第一款项目适用范围规定，“PPP模式主要适用于政府负有提供责任又适宜市场化运作的公共服务、基础设施类项目。燃气、供电、供水、供热、污水及垃圾处理等市政设施，公路、铁路、机场、城市轨道交通等交通设施，医疗、旅游、教育培训、健康养老等公共服务项目，以及水利、资源环境和生态保护等项目均可推行PPP模式。各地的新建市政工程以及新型城镇化试点项目，应优先考虑采用PPP模式建设。”

让政府资金撬动社会资本，这是落实十八届三中全会提出的“使市场在资源配置中起决定性作用”的具体举措。

相关资料表明，我国用于环境保护财政预算在2000亿元左右，十二五期间《大气污染防治行动计划》与《水污染防治行动计划》所需要的财政预算就已接近8万亿元。据估算，在未来需要十几万亿元甚至是20万亿元才能基本满足十三五的环境任务。环保部相关负责人表示，如果没有PPP，没有新型金融工具，没有社会资本进入环境保护领域内，将难以完成十三五环境保护的任务。

笔者研究发现，作为吸引社会资本进入基础设施建设和公共服务领域的PPP模式，在其推广中更加侧重在环保领域中的应用。而将PPP模式应用到环保产业来，让更多的社会资金流入环保产业解决政府资金不足的问题，让更具有专业技术特长的企业从事环保事业，解决日益严重的环境污染问题，为我国的生态文明建设做贡献，正是PPP模式介入环保最根本的出发点。

笔者实践中发现，在PPP模式下，地方政府在环保需求方面多以打包方式“出让”，呈现规模大（一般在10亿元以上）、速度快（一般两三个月即达成合作协议）的特点，地方政府“求贤若渴”。

从另一个角度看，自2014年11月国务院发布文件大力推广PPP模式以来，PPP投资进展很大。作为PPP模式推广过程中最具市场爆发力的环保行业，无疑成为各方投资追捧的对象。

换句话说，作为PPP 模式推广的重点领域，环保行业有望迎来投资高潮。

分析认为，未来1～2年，市场将把未来10年甚至更长时间的环保需求集中释放，环保公司有望从小额订单缓慢推动过渡大额订单集中获取，从而进入快速成长期。2015年国家PPP项目和各地PPP项目中大量涉及环保类项目，PPP项目加速释放掀起环保“建设潮”。

资料显示，2015年5月25日，发改委上线的PPP项目库中，环保类PPP项目数量最多，总计能达到370个，数量上占比达到35%，投资总额近2000亿元。

其次，各类环保产业基金风起云涌。

笔者在实践中了解到，目前多家环保类的产业基金纷纷成立，作为一种私募股权基金，环保类的产业基金成立后，在全国各地大力推广环保PPP项目，在项目完成后，各家股东再拿走自己的本金和收益，成功退出，实体环保企业也实现了做大做强的华丽转身。

再次，各类金融机构也看好环保产业的美好前景，愿意扶持缺乏资金的环保企业。

笔者与一家省级商业银行接洽获悉，如果环保企业获得国家开行银行等政策性银行的融资贷款，该银行可以在国家开发银行贷款到位前为环保企业做过桥贷款，期限一至三年，利率为基准利率，待国家开发银行贷款到位后再退出，这为环保企业实际推广PPP项目提供了很好的资金过渡。

水处理行业PPP到底应该怎么搞

数据显示，2014年底，全国设市城市、县累计建成污水处理厂3717座，城市污水处理能力将近1.3亿吨/日，年处理总量达398亿吨，与2009年相比，分别提升了3.55%和4%以上，而城镇污水COD的年削减量达到了1198万吨，氨氮削减量110万吨，分别比上五年增加了将近7个百分点和12个百分点。

我国污水处理具有较大的市场化空间，并且农村水务市场目前还是一片空白，未来有望借助PPP模式的推广实现迅速发展。

PPP投资成为污水处理行业发展的催化剂。

而随着2015年“水十条”的出台，预计将为水处理行业带来超2万亿投资，水处理上市公司迎来发展良机。

民生证券研究院研究认为，PPP模式下，污水处理有望迎来新的发展机遇。随着2015年1月1日最严环保法的实施，地方政府存在责罚风险，环保压力增大。“水十条”在污水治理、工业废水等多方面进行强力监管并启动严格问责制，铁腕治理污水进入“新常态”。地方债务限制了地方政府的投资空间，寻找合适的社会资本参与不失为其最优选择。

另一方面，污水处理项目具有稳定的现金流，适宜使用PPP模式运作，而未来各地污水处理费的上调，使得污水处理项目对社会资本更具吸引力。

2015年1月26日，发改委、财政部和住建部联合下发《关于制定和调整污水处理收费标准等有关问题的通知》，明确到2016年涉市城市污水处理收费标准原则上每吨居民用水应不低于0.95元、非居民不低于1.4元，县城、重点建制镇相应为0.85元和1.2元。但目前来看，全国除拉萨外的30个省会级城市中，只有6个城市生活污水处理费和6个城市的工业污水处理费达到标准。

从国家公布的PPP项目的情况看来，最普遍的是水处理项目。在国家发改委发布的环保类PPP项目中，如污水处理、再生水、自来水等水务类项目居多。

而从政策层面看，2015年4月财政部、环境保护部联合印发《关于推进水污染防治领域政府和社会资本合作的实施意见》从政策上推动了水务市场全面向社会资本开放，鼓励在水污染防治领域大力推广PPP模式。《意见》提出存量为主、因地制宜、突出重点三大原则。要求水污染防治领域推广运用PPP模式，以费价机制透明合理、现金流支撑能力相对较强的存量项目为主，适当兼顾部分新建项目，充分考虑不同地区、不同流域和湖泊、不同领域项目特点，对纳入国家重点支持江河湖泊动态名录或水污染防治专项资金等相关资金支持的地区，采取差异化的合作模式与推进策略，率先推进PPP模式。

《意见》明确了项目边界。针对水污染防治领域项目特点，提出以饮用水水源地环境综合整治、湖泊水体保育、河流环境生态修复与综合整治、湖滨河滨缓冲带建设、湿地建设、水源涵养林建设、地下水环境修复、污染场地修复、城市黑臭水体治理、重点河口海湾环境综合整治、入海排污口清理整治、畜禽养殖污染防治、农业面源污染治理、农村环境综合整治、工业园区污染集中治理（含工业废水毒性减排）、城镇污水处理（含再生水利用、污泥处置）及管网建设、城镇生活垃圾收运及处置、环境监测与突发环境事件应急处置等为PPP推进的重点领域。鼓励对项目有效整合，打包实施PPP模式，提升整体收益能力，扩展外部效益。

水处理行业已经形成较成熟的盈利模式，因此最有可能出现大订单的领域也是水处理。

目前，已有多家上市环保企业签订了PPP协议。公开资料显示，工业污水处理龙头万邦达2015年一季度斩获86亿元PPP大单，为2014年公司营业收入的8倍以上，造就了新的业绩增长点。

笔者在与多个地方政府接触的过程中，地方政府对饮用水水源地环境综合整治、城市和农村生活污水处理、污泥处置、再生水利用、河道治理、城镇生活垃圾收运及处置等均表示了浓厚的兴趣，希望采取PPP的模式与社会资本开展密切合作。

2015年一季度，笔者操作了一例BOT污水处理项目，下面是该BOT项目的核心内容：

一、项目背景及建设

2015年1月，根据B县政府城市规划，决定在B县建设污水处理厂项目。工程总占地100亩。工程建设规模8万立方米/天。

项目地点位于B县工业园，服务对象为B县生活污水处理和部分处理过的工业废水处理。目前县城建成区面积为10平方公里，城区人口10万人，下辖20个乡镇和1个中心路街道办事处，200个行政村，总人口40万人。工业园规划100平方公里，有多家工业企业入驻。

二、污水处理厂厂址

污水处理厂厂址的选择，既要服从城市总体规划和远期发展，同时又要兼顾建厂条件、建设投资、社会影响、生态环境影响等方面因素。在做到布局合理的同时，还要考虑到配套管线便于接入实施。

综合考虑B县的总体规划，现状排水管网的总体布局等因素：

（一）厂址远离县城，位于本项目排水管网的最末端，利于所有污水均可自流排入，无需提升。

（二）厂址位于城市夏季主导风向下风向，对城区污染小。

（三）厂址交通便利，便于工程施工和污泥运输。

三、项目建设的必要性

目前B县城区内人口为10万人。B县城市总体规划中提出，B县县城规划至2020年达到24万人。

B县原第一污水处理厂目前仅仅能够满足县城中心区的污水处理。随着县城中心区的面积扩大和工业园改造规划，所产生的污水远远超出B县第一污水处理厂的处理能力。为保证B县可持续发展，改善工业园的投资环境及周边环境的需求，急需新建污水收集管网和污水处理厂项目。

保护环境已成为我国的一项基本国策。建设B县污水处理厂工程是保护B县城环境的重要措施之一，对B县城可持续稳定发展，改善当地投资环境，吸引投资都极其重要。

四、我国污水处理厂行业特点

（一）行业周期性。我国政府高度重视污水处理行业的发展，出台了一系列鼓励和扶持行业发展的法律法规及产业政策，极大地促进了污水处理行业的快速发展，不存在明显的行业周期性。

（二）行业季节性。城镇污水处理行业没有明显的季节性特征。一般情况下，根据不同地区的居民生活习惯差异，不同季节间的生活用水量不同，也会导致季节间污水处理量的略微变化。

（三）行业区域性。城镇污水处理作为市政公用设施项目，政府主导的特征较为明显。因此，一般经济发达地区由于当地政府财政实力强、对环保重视程度高和投资力度大等，污水处理项目投资建设的速度也较快。

（四）行业与上、下游行业之间的关联性。污水处理行业的发展与上、下游行业之间存在相互依存、互为促进的重要关联性。污水处理行业的上游行业主要包括处理设备制造、药剂生产和电力供应行业等，下游为各地市政污水处理的公共服务需求。上游设备制造、药剂生产等行业的技术进步及降低成本将有利于污水处理行业盈利水平的提高，而本行业的快速增长也将带动对环保设备行业和电力行业的需求增长，进而促进其进一步发展。

目前，随着我国对环境保护重视程度的不断加深，社会公众对防治水污染、保护环境的要求也日益提高，从而有利于促进污水处理行业的进一步发展。

五、我国污水处理厂市场分析

BOT特许经营模式由于能够有效解决污水处理设施建设资金和提高运行效率，已逐渐成为新增污水处理设施的主要经营模式。

从2014年开始，国务院办公厅、国家财政部、国家发改委相继出台了一系列支持BOT项目的政策和文件，重点支持环保污水处理类项目。

目前，全国已有60%的城镇污水处理设施通过BOT、TOT、委托经营等特许经营模式引入社会资本和专业化服务，参与设施建设与运营。

六、本项目技术分析

为保证污水处理厂项目建成后的正常运行，进水水质的确定非常关键。

参考国内类似县城污水处理厂进水水质及《给水排水设计手册》中一般城市污水中常值，结合B县城污水的特点，确定污水处理厂的进水水质为：

表8-1 进水水质指标

项目	CODcr	BOD5	SS	NH3-N	TP	PH
指标（mg/l）	350	180	150	35	3.0	6～9

设计进水水质控制：工业企业向市政管网排放污水必须达到《污水综合排放标准》（GB189188-2002）和《污水排入城市下水道水质标准》（CJ3082-1999）中规定的允许值方可进入城市污水处理厂进行处理。

本工程受纳水体为县河，为Ⅲ类水体。根据污水处理厂的环境影响报告和环保部门要求，按《城镇污水厂污染物排放标准》（GB189188-2002）规定，对排入Ⅲ类水域的污水厂执行一级A排放标准。

表8-2 设计出水水质

项目	CODcr	BOD5	SS	NH3-N	TN	TP	粪大肠菌群数	PH
指标（mg/l）	50	10	10	5（8）	15	0.5	10^3	6-9

B县污水处理厂的污水进、出水水质及污染物去除率如下表：

表8-3 进、出水水质及污染物去除率表

项目	单位	进水指标	出水指标	去除率（%）
CODcr	mg/l	350	50	85.7
BOD5	mg/l	180	10	94.4
SS	mg/l	150	10	93.3
NH3-N	mg/l	35	5（8）	77.1～85.7
TP（以P计）	mg/l	3.0	0.5	83.3

七、污水处理厂工艺方案选择

根据国内污水处理的理论研究和多年运行经验，污水二级强化处理即生物除磷脱氮处理工艺，出水的SS、BOD5、CODcr和TP基本可以达到《城镇污水处理厂污染物排放标准》（GB18918-2002）一级B标准，其中部分指标也可能更高些，但要全部达到一级A标准的水质要求，则必须采用深度处理。

因此本工程的污水处理工艺由两部分组成。

（1）污水二级生物处理工艺。

（2）污水深度处理工艺。

根据本项目的特点，考虑到二级出水水质，本项目确定选用技术成熟、适合本项目特点的工艺："高密度沉淀池+高效浅层滤池"。

八、项目进度

按照B县政府规划，2015年底B县污水处理厂将正式竣工验收投产。

九、环境公司介绍

项目由C环境工程公司运作。C公司经营范围为：工业废气综合治理工程、水处理工程、固体废弃物处理工程设计、安装、施工、调试及项目运营管理；环保设备设计、加工制造、安装和调试；建设项目环境评价及工程咨询；机械设备、电气设备批发零售；机电一体化，环境科学和劳动保护技术开发、咨询、服务、转让。

十、环境公司宗旨

根据B县政府与C环境工程公司签订BOT协议，C公司负责处理BOT合同项下的污水并从中受益。

十一、资金需求说明

B县污水处理厂工程建设规模为8万立方米/天。建设项目总投资为10000万元。

十二、投资者权利

C环境工程公司与B县政府签订BOT合同，以合同形式回报投资。投资回报按年10%回报。回报期限26年。（具体合同略）

就污水处理而言，实行PPP模式后，一方面通过引进社会资本来建设污水处理厂，大大缓解了财政的投资压力；另一方面，政府部门根据污水处理的效果支付污水处理服务费，并进行监督，既充分发挥了政府部门的职能优势，又发挥了社会资本的资金优势和技术特长，从而提高污水处理的效益，达到了治理环境的效果。通过推广PPP模式，实现一举数得、多方共赢。

环境第三方治理与PPP共进

环境污染治理近年来已经成为我国社会经济的焦点问题，但环境污染状况却始终不容乐观。

之所以出现环境污染治理效果不尽如人意，最重要的原因在于排污企业缺乏社会责任、投入不足，以及有效监管缺失。此外，污染治理设施实行非专业化、非社会化管理，运行效率低下，严重影响污染治理效果。

中投顾问研究总监郭凡礼对笔者表示，“企业作为市场竞争主体和自主经营、自负盈亏的独立法人，难以从宏观和长远的角度建立有利于环境保护的自我约束机制。此外，受经济实力、技术水平、监管等因素制约，很难做到每个企业都能建设污染治理设施，即使建成了往往也不能正常有效运行，出现建而不运、运而不足现象，严重影响污染治理效果。”

据了解，在发达国家，工业减排普遍采用第三方治理模式。

如今这种模式在国内也渐渐成为企业减排的首选。

2015年1月，国务院办公厅印发《关于推行环境污染第三方治理的意见》（国办发〔2014〕69号）。《意见》指出，环境污染第三方治理是排污者通过缴纳或按合同约定支付费用，委托环境服务公司进行污染治理的新模式，明确了坚持排污者付费、坚持市场化运作和坚持政府引导推动的原则。

《意见》部署改革创新治污模式，吸引和扩大社会资本投入，促进环境服务业发展。《意见》指出，环境污染第三方治理是推进环保设施建设和运营专业化、产业化的重要途径，是促进环境服务业发展的有效措施。要以环境公用设施、工业园区等领域为重点，以市场化、专业化、产业化为导向，营造有利的市场和政策环境，改进政府管理和服务，健全第三方治理市场，不断提升我国污染治理水平。

《意见》强调，要坚持排污者付费、市场化运作、政府引导推动的基本原则，尊重企业主体地位，积极培育可持续的商业模式，创新投资运营机制，加强政策扶持和激励，强化市场监管和服务，使污染治理效率和专业化水平明显提高，社会资本进入环境治理市场的活力进一步激发。

《意见》提出以下几个问题：

一是要推进环境公用设施投资运营市场化。在城镇污水垃圾处理设施领域，采取特许经营、委托运营等方式引入社会资本，通过资产租赁、资产证券化等方式盘活存量资产。对污染场地治理和区域环境整治，采用环境绩效合同方式引入第三方治理。同时，强化实施方案的评估论证，改进审批方式，推进审批便利化。统筹好公益性和经营性的关系，完善价格调整机制，合理确定收益，健全投资回报机制和公共环境权益保障机制。

二是要创新企业第三方治理机制，在工业园区、重点行业积极培育第三方治理的新模式、新业态，选择有条件的地区和行业，探索实施限期第三方治理。要明确相关方责任，规范合作关系，建立健全履约保障和监督机制，保障各方合法权益。

三是要从扩大市场规模、加快创新发展、发挥行业组织作用，规范市场秩序、完善监管体系等方面，营造良好的第三方治理市场环境。支持第三方治理企业加强科技创新、服务创新、商业模式创新；推动建立环境服务公司诚信档案和信用累积制度；实行从准入、运营到退出全过程监管。

《意见》明确，强化政策引导和支持。完善和落实价格收费政策，实施差别电价水价。加大财税支持力度，研究明确税收优惠政策。开展节能环保信贷资产证券化，研究推进能效贷款、碳金融产品、节能减排收益权和排污权等质押融资。支持符合条件的第三方治理企业上市融资、发行企业债券、中期票据等。

《意见》提到，到2020年，环境公用设施、工业园区等重点领域第三方治理取得显著进展，污染治理效率和专业化水平明显提高，社会资本进入污染治理市场的活力进一步激发；环境公用设施投资运营体制改革基本完成，高效、优质、可持续的环境公共服务市场化供给体系基本形成；第三方治理业态和模式趋于成熟，涌现一批技术能力强、运营管理水平高、综合信用好、具有国际竞争力的环境服务公司。

那么，何谓环境污染第三方治理？第三方治理有何优势？我国为什么要走第三方治理道路？目前我国第三方治理发展状况如何？

环境污染第三方治理（以下简称第三方治理）是排污者通过缴纳或按合同约

定支付费用，委托环境服务公司进行污染治理的新模式。

十八届三中全会就明确提出要“推行环境污染第三方治理”。

第三方治理是政府打破市场壁垒，创造条件的一场市场化改革，引进社会资金。具体来说，一是政府过去负责的污水处理、垃圾处置等公共环境项目，引入第三方专业的环保公司进行治理。二是创造条件让社会资本进入市场，政府发挥监管作用。

第三方治理的优势，一言以蔽之：让专业人做专业事，以最高效率为环境治理服务。其优势主要体现在：排污企业由于采用专业化治理，既降低了治理成本，又提高了达标排放率；政府执法部门由于监管对象集中可控而降低了执法成本；刺激环保企业和产业的快速发展，可谓一举多得。

因此，我国走环境污染第三方治理的道路有着其现实的需求：党中央国务院高度重视环境保护生态文明建设，这给第三方治理在政治层面奠定了良好的生存环境。从经济层面而言，未来要十几万亿元甚至二十几万亿元才能基本完成十三五的环境任务。在政府财政压力很大的当下，必须走第三方治理和PPP模式。

此外，还有一个重要的原因，即作为数量庞大的社会资本，也需要寻找投资方向和投资机遇。环保产业作为朝阳产业，自然吸引了社会资本的目光。因为企业如果有它的核心竞争力，通过第三方治理可以很容易地做强、做大。

推进环境污染第三方治理可谓一举三得。一是排污企业采用专业化治理，降低了治理成本，提高了达标排放率；其次，政府执法部门监管对象集中可控，降低了执法成本；再次，刺激环保企业和产业的发展，环境服务公司由过去单纯的设备制造、工程建设拓展到环境治理运营服务中。

在谈到第三方治理的重要性时，环保部相关人士指出，没有PPP、没有第三方治理、没有金融、没有社会资本进入环境保护的领域内，要想完成十三五环境保护的任务，基本是一句空话。

笔者了解到，目前许多地方已经开展了环境污染第三方治理，并结合地方实际出台了相应的政策。

如2015年5月，河北省人民政府办公厅发布《关于推行环境污染第三方治理的实施意见》，《意见》指出到2017年，促进环境污染第三方治理的政策体系基本建立，统一开放、竞争有序、诚信规范的环境污染第三方治理市场机制初步形成，环境公共服务领域采用第三方治理企业占比显著提高，培育一批技术能力强、管理水平高、专业服务优、综合信用好、年销售收入超亿元的骨干企业。

《意见》明确了环境污染第三方治理的突出重点领域，即环境公共服务领域、工业园区集中治污领域、重点行业深度治理领域、农村环境整治领域。

如针对环境公共服务领域，明确推进环境公用设施投资建设运营市场化，对可经营性好的城镇污水处理、垃圾资源化处理、集中供热等，采取特许经营、委托经营等方式引入第三方治理企业，通过资产租赁、产权转让、资产证券化等途径盘活存量资产，解决政府包揽建运管、角色定位不清晰和污染治理水平不高等问题。

而对工业园区集中治污领域，则选择污染物排放量大、易集中的工业园区，以污水处理、烟气治理和固废利用为重点，采取打捆方式引进第三方进行整体式设计、模块化建设、一体化运营，解决单个企业污染治理成本高、效果差等问题。

2015年以来，笔者在对河北省部分地区进行第三方环境服务合作时，各地方政府严格按照河北省政府文件执行，对地区环保项目倾向于“打捆方式”合作。这一点与笔者所在公司的战略决策基本一致。

总体来说，我国环境污染第三方治理无论从政策制定还是项目落实已经走出坚实的一步，目前在排污企业和第三方治理企业之间的权责明确、建立第三方治污企业信用评价等方面仍处于磨合阶段，遇到了一些问题和难题，比如环境污染治理第三方企业和排污主体责任明晰难，在污染事故发生后，排污方和治污第三方相互推诿责任的现象时常发生。排污企业认为治污已交由第三方处理，排污不达标应由第三方担责，治污方认为排放不达标是因排污方不按照合同排污，导致污染难处理，等等。

不过，笔者相信，只要监管方、排污方、环境污染第三方共同努力，政府行政主管部门加快制定针对污染第三方治理模式的管理制度及实施细则，排污方和环境污染第三方明确双方权责，“环境污染第三方治理”之路会越走越顺畅，越走越远。

河北航天环境：第三方治理典型案例

目前，我国环境保护形势严峻。2015年6月，环保部发布《2014中国环境状况公报》。全国生态环境质量总体“一般”。在2461个县域中，“优”“良”“一般”“较差”和“差”的县域分别有558个、1051个、641个、196个和15个。

河北省是华北地区的重污染区域，其将大气污染防治作为环保工作的重中之重，并于2013年9月正式发布了《河北省大气污染防治行动计划实施方案》。根据方案，河北省将采取50条措施，加强大气污染综合治理，着力解决以细颗粒物（PM2.5）为重点的大气污染问题。同时，河北省的水污染问题也相当严重。

严峻的治污形势下，环境污染第三方治理模式出台。环境污染第三方治理即排污企业以签订合同协议的方式，通过付费购买第三方环境服务公司的污染减排服务，以实现达标排放的目的。

为加快我国高新技术产业发展，推动国家产业结构升级，缓解环境污染，贯彻落实“科学发展，绿色崛起”战略，2013年12月，航天环境工程有限公司、河北省承德市政府、河北钢铁集团共同发起成立河北航天环境工程有限公司（下称河北航天环境），通过合同环境服务的经营模式和PPP特许经营权的操作方式，以航天环保技术为依托，为河北省各级政府及以河钢集团为代表的省内企业提供环境保护、污染防治总体的系统解决方案。

河北航天环境主营业务涉及工业烟气污染防治、水污染防治及固体废弃物处理等领域，覆盖火电、石化、冶金、水泥、玻璃制造及城市集中供热等多个行业，从事各项环保技术、新能源技术研发，进行环保工程设计、施工与技术服务等。

河北航天环境成立以来，理顺思路，明确目标，按照“围绕一个中心，抓住两个关键，突出三个重点，提高四种能力”的战略决策，取得了较好的经济效益和社会效益。

第一，围绕一个中心：第三方环境治理。

环境污染第三方治理，即排污企业以签订合同协议的方式，通过付费购买第三方环境服务公司的污染减排服务，以实现达标排放的目的。

2015年1月，国务院发文力推环境污染第三方服务，国务院《关于推行环境污染第三方治理的意见》指出，环境污染第三方治理是排污者通过缴纳或按合同约定支付费用，委托环境服务公司进行污染治理的新模式，明确了坚持排污者付费、坚持市场化运作和坚持政府引导推动的原则。

河北航天环境设立的目的，即以发挥航天技术在节能环保领域的技术优势，在地方政策、相关政策性银行的支持下推进第三方环境治理。

第二，抓住两个关键：国家大力推广PPP模式的有利机遇和国内环保的现实需求。

PPP成为当前经济热点。在我国经济进入常态化、增速放缓的大背景下，推广PPP模式一方面是为了减轻政府财政负担，另一方面通过引入社会资本，引入市场竞争机制和市场价值投资理念，充分发挥政府在项目制定上的优势和社会资本的资金与技术优势，共同提升公共产品的营运效率和供给效率，打造经济增长点，最终形成政府与市场紧密结合的“双轮驱动”。

2015年5月22日，国务院办公厅转发财政部、国家发改委、央行《关于在公共服务领域推广政府和社会资本合作模式的指导意见》，指出在公共服务领域推广政府和社会资本合作模式，是转变政府职能、激发市场活力、打造经济新增长点的重要改革举措。5月26日，国家发改委公开发布了1043个PPP项目，总投资约为1.97万亿元。

此外，目前我国环保形势严峻，重点表现在雾霾、水体富营养化的问题、地下水污染等问题。据估算，在未来需要十几万亿元甚至是20万亿元才能基本完成十三五的环境任务。

我国在PPP模式的推广中，更加侧重在环保领域中的应用。而环保产业在国家利好政策支持下，一定会迎来发展的黄金期，成为拉动我国经济增长的推动力。

河北航天环境紧紧抓住国家大力推广PPP模式的有利机遇和国内环保的现实需求，积极开展市政基础设施PPP项目合作，开展区域或企业水、气、固等多要素、全过程污染防治的综合环境服务。

第三，突出三个重点：环境治理的固、液、气三个重点方向。

根据河北航天环境的技术优势，围绕固、液、气三个重点方向拓展。固体主要指污泥、垃圾焚烧等。液体主要指供水、污水处理、河道治理等。气体主要指烟气治理等。

第四，提高四种能力，这四种能力分别为技术能力、市场拓展能力、管理能力和资本运营能力。

一、技术能力

河北航天环境技术优势明显，技术来源于航天技术，股东航天环境工程有限公司拥有环境工程污染防治专项甲级设计及总承包资质，主营业务涉及工业烟气污染防治、水污染防治及固体废弃物处理等领域，拥有烟气脱硫脱硝、污水处理、垃圾焚烧等多项国际、国内领先的节能环保技术。

为了提高环境治理能力，“空——天——地”一体化，在充分调研的基础上，公司发挥航天技术优势，设计了《资源环境卫星管理系统》。该系统结合地方政府的环保监测资源，利用大数据分析进行卫星监控与在线监测数据的拟合，通过大规模的比较运算，获得相对准确的相关性。利用此成果可以扩大卫星监测的应用领域，使其具备广泛的、大尺度的应用条件。同时系统还包括政府功能管理的扩展功能如绿地面积统计、国土资源监测、森林灾害预警等，扩大了应用领域，切合政府的需求，增强实用性。

在环保监测物联网方面，河北航天环境建立面向城市环境资源管理的环保物联网感知数据中心，并利用大数据与云计算等新技术，研发并建设第三方的环保物联网感知数据综合服务平台及相应的关键技术与标准，重点提供以卫星监测数据、无人机监测数据、分布式环保监测传感器为核心的环保物联网感知数据的统一托管、集成共享与挖掘分析等公共数据服务；并在此基础上围绕地方政府智慧环保建设中的水质监测、绿地管理、尾矿监查、国土资源监控等不同领域提供相应的应用服务、开展应用示范。

在技术成果方面。河北航天环境研发项目“低温脱硝催化剂的研发”“无人机环境监测系统”等项目获得政府环保部门的立项支持。

低温脱硝仍是一个空白市场，目前市场上没有成熟可行的脱硝设施能够适用。公司联合了国内相关技术力量，牵头组织进行了低温脱硝催化剂的研发，形成了从理论研究到开发应用的全产业链研发模式。

目前已经完成了催化剂配方的对比遴选、活性成分研究、耐毒抗硫试验、催化剂成型试验。

同时，为了提高河北航天环境后续研发能力，使公司研发技术始终处于行业前列，公司加大人才队伍建设，大力引进高端技术人才。

二、市场拓展能力

一年多来，河北航天环境努力开拓市场，分别开拓了多个省份的地级城市和县级城市。

三、管理能力方面

河北航天环境自成立以来致力于完善法人治理结构和内控机制。根据《公司法》等有关法律法规、行政法规和规范文件，河北航天环境设立了股东大会、董事会、监事会和董事会秘书制度，同时建立健全内部控制制度，保障法人治理结构的良好运行，管理水平不断提高。

四、资本运营能力

2014年，河北航天环境与国内一家政策性银行签订战略合作协议，对河北航天环境在开拓市场方面给予资金支持。目前双方合作良好。

此外，河北航天环境不断提高资本运营能力，严格投融资机制，探索引入战略投资者、合作开发建设、融资租赁、发行公司债券等方式，借助资本的力量发展壮大。

通过第三方环境服务，河北航天环境取得了较好的经济效益和社会效益，探索出了一条既服务于国家环境保护事业，又符合企业自身发展的新路径，为国内刚刚兴起的第三方环境服务模式提供了可资借鉴的典型。

未来，河北航天环境致力于将航天高新技术转化并服务于地方合同环境服务，逐步成长为集开发、投融资、设计、设备制造或采购、工程总承包、运营管理、环境监测评价、环境政策研究于一体的大型专业环保公司。

第9章

全球视野下的PPP

PPP模式最早起源于哪里？因何起源？PPP模式在我国快速推进的同时，在国外尤其是发达国家处于怎样的发展状况？国外PPP操作模式有哪些先进经验值得我国借鉴？

他山之石，可以攻玉。放眼海外，了解他人之所长，无疑对我国大力推广PPP大有裨益。

PPP模式欧美领跑

资料显示，PPP模式的雏形最早起源于17世纪的英国，距今已有三百多年的历史。而PPP模式取得长足发展则是自20世纪90年代起，欧美、日本等地进行的成功探索和实践，并且在公共管理领域如交通运输、燃料和能源、环境和卫生等领域产生了许许多多成功的案例，对所在国的经济和社会发展产生了巨大的推动作用。

2012年初，英国资深政府市场合作模式（PPP）咨询机构“PPP快讯国际”和“合作伙伴快讯”就全球PPP市场趋势对67家全球性PPP公司首席执行官进行了市场调查，并结合“德勤有限公司”在美国、英国、加拿大、澳大利亚、南美洲、印度分部的多名PPP专家观点，完成了《2012年全球PPP市场概况》报告。

调查结果表明，发达国家是当前主要的PPP市场，原因在于其市场经济成熟，政治承诺和法律环境稳定，项目库丰富、质量高，流程更透明等。

从全球区域看，英国、德国等欧洲国家的PPP市场最为发达，规模和管理水平都位居前列，尤其是在基础设施建设领域，包括公路、铁路、桥梁、地铁、轻轨系统、机场设施、电厂等方面都取得了丰富的成果。

从全球的发展情况来看，依据世界银行的统计，PPP模式主要使用在能源、电力、交通以及水处理等行业。从总量上看，依据全球PPP研究机构PWF的统计，从1985～2011年，全球基础设施PPP名义价值为7751亿美元，其中欧洲大约占45.6%，远超世界其他国家和地区，几乎占据全球半壁江山。亚洲和澳大利亚占24.2%，墨西哥、拉丁美洲和加勒比海地区三者合计占11.4%，美国和加拿大分别占8.8%、5.8%，非洲和中东地区占4.1%。

从整个欧洲角度看，21世纪以来PPP也实现了较快的发展，这主要与政府推动以及PPP模式的逐渐成熟有关。

据欧洲投资银行统计，每年PPP的市场规模基本在150亿欧元左右，其中除了英国以外，土耳其、德国和比利时的PPP规模较大。从PPP项目的投向看，主要集中在交通、医疗和环境等方面，这三方面在2014年分别占比达到了63%、12%和10%。

英国是现代PPP模式的鼻祖，其探索出了一整套完善的PPP模式发展体系和丰富的操作经验。（本章笔者将对此进行详细介绍）

在欧洲的德国，政府也探索出一套成熟的PPP模式。如德国在智慧城市建设方面，一般会选择PPP模式，主要分为两种：一种是政府在某个方面提出长远宏观目标，并通过财政补贴的方式引导企业进行相关研究，最终选出合适的合作者；另一种是像德国电信、西门子、宝马等大型企业为了推销本公司的某种产品或服务，会在全国范围内选择一个或几个城市进行试点，符合条件的或对项目感兴趣的城市会积极参加这些企业开展的试点竞赛。①

澳大利亚在20世纪80年代开始在基础设施领域应用PPP模式。

2000年以来，澳大利亚政府修订和制定了与PPP相关的法律，在保障私人部门利益的同时，PPP项目得到快速的推广。澳大利亚还成立了相关的管理部门——澳大利亚基础设施局（IAU），负责全国各级政府的基础设施建设需求和政策的制定，推广PPP也是其重要职能之一。

在发达国家中，美国的PPP发展同样毫不逊色。

据了解，美国最著名的四大职业联赛俱乐部（MLB、NBA、NFL、NHL）所拥有的82个体育场馆的31%都是用PPP模式兴建的。

此外，在保障房方面，美国通过PPP模式，实现保障房的长期可持续发展。

美国的新型保障房是政府、独立的开发商与私人投资商之间PPP的产物。到2008年，美国已经建造至少200万套这样的住房，超过了前50年建造的公共住房数量。

调查发现，2012年前，美国城市管理者实施PPP的两个主要原因是：降低费用和减轻财政压力。2012年后美国城市管理者实施PPP的动机转变为：更好的过程、关系培养、更好的结果、撬动资源。

20世纪90年代以来，日本和欧美各国一样面临公共服务领域的一系列问题。

---

① 智慧城市就是运用信息和通信技术手段感测、分析、整合城市运行核心系统的各项关键信息，从而对包括民生、环保、公共安全、城市服务、工商业活动在内的各种需求做出智能响应。其实质是利用先进的信息技术，实现城市智慧式管理和运行，进而为城市中的人创造更美好的生活，促进城市的和谐、可持续成长。

一是中央、地方政府财政困难，自泡沫经济破裂后，日本经济陷入低迷，税收锐减，国债及地方债的数额逐渐膨胀，中央及地方政府的财政状况不断恶化。二是公共服务品质下降，随着日本公共设施的老化，公共设施及公共服务品质逐渐下降。三是地区经济低迷。日本经历了长期的经济低迷，公共部门的作用逐渐缩小。在日本第三产业的公共服务中，受到限制较多的医疗、看护、教育等公共服务及政府单独提供的“公务”约占总体比重的四分之一。

通过市场机制和私人部门的力量来提高公共服务的效率和质量、重建经济，促使公私合作模式在日本逐步兴起。

PPP模式被引入日本后，越来越受到日本政府的重视。

日本的PPP模式借鉴了英国的PPP理念，确切地说，是借鉴了英国的PFI模式。

PFI（Private Finance Initiative）是20世纪90年代初诞生于英国的一种项目融资模式，通常被称为“私人主动融资”“私人融资计划”或“私人资本融资”等，其含义是利用私有资金进行基础设施项目的开发与运营。它一改由政府负责提供基础设施的传统，采取促进私人部门参与基础设施、公共产品和服务的全新方式，在一定程度上克服了传统基础设施建设中的高投入、低效率和资源高消耗等弊端。PFI属于PPP的范畴，是PPP的一种类型，偏重于强调社会资金的主动介入，政府的目的在于获取有效的服务，而并非最终的设施所有权。

对于政府来说，采用PPP模式，通过利用社会上的优秀技术、服务及风险共担，能够在减轻财政负担的同时有效提供公共服务。对于社会资本来说，通过公私合作可以缓和其参与公共服务事业的障碍，从而扩大商机。

日本的PPP项目虽然起步较晚，但发展迅速，取得了良好的经济效益和社会效益，成为日本基础设施建设的重要力量。

总的来说，海外发达国家PPP模式的发展已经较为成熟，是建设公共基础设施常用的模式。PPP模式在解决财政困难、提高公共服务品质、活跃经济等方面有较大作用，能够在一定程度上弥补公共部门和私人部门的不足，普遍受到发达国家政府青睐。

经过欧美日等发达国家的多年探索，PPP模式在资金、技术、风险共担以及推动经济发展等方面优势越发凸显。

需要进一步说明的是，即使较之同类型发展中国家，中国PPP发展水平仍处于起步阶段。

根据世界银行数据，截至2013年，中国PPP累计规模约为1278亿美元，而巴西和印度该数值分别为2707亿美元和3274亿美元。

2013年中国新增PPP项目76.8亿美元，巴西和印度新增PPP规模分别为344.5亿美元、151.4亿美元。

2013年中国、巴西和印度的GDP分别为9.49万亿美元、2.39万亿美元、1.86万亿美元，中国新增PPP规模占GDP比例仅为巴西的5.6%、印度的9.9%。无论是从绝对规模还是相对规模来看，我国PPP发展水平与同类型发展中国家相比，均有较大差距。

现代PPP模式的鼻祖：英国

英国是现代PPP模式的鼻祖，也是当前PPP模式最发达的国家之一。

PPP英文译义为公私合作关系，它起源于17世纪的英国，也成熟于英国。20世纪90年代初，英国政府推出的私人主动融资PFI（Private Finance Initiative）模式，标志了现代PPP模式的诞生，主要解决英国当时的城市公共管理的效率问题，英国利用这种模式不仅建设和运营地铁、桥梁、机场、电厂、水厂、污水与垃圾处理等，甚至利用这种模式建设和管理医院和监狱。

1990年，英国完成国有公用事业私有化改革后，社会私人资本起到缓解政府财政压力、提高行业效率的作用。

1992年，欧盟各国签订《马斯特里赫特条约》，英国在协议上承诺降低财政赤字以促进经济一体化。由此，在面对控制财政支出、改善基础设施的双重压力下，英国政府开始积极考虑，如何采取政策，将民间资金引入公共建设。

然而，多数政府部门及民间投资者仍持观望态度。英国财政部迫于情势，于1993年成立民间融资小组。民间融资小组于1995年11月出版系统性介绍PFI（Private Finance Initiative，民间融资计划）模式的手册。

1992年至1997年，英国PFI项目总额约70亿英镑，单英法海峡隧道项目就占据35亿英镑。

1997年7月英国颁布实施《国家卫生服务法案》，使医院成为可与民间机构签订PFI协议的合格主体，同年12月，英国《地方政府契约法案》公布实施，地方政府获得与民间机构签订PFI协议的法定资格。

PFI模式在英国得到快速实施，英国政府也建立了完整的法律、政策、实施和监督框架，迅速积累了大量案例经验和研究成果。其重大举措包括，1996~2000年出台PFI技术准则；2003年出台PFI合同标准（第三版）；2004年8月出台《物超所值（Value for Money）评估指导》；2007年出台PFI合同标准（第四版）。

英国业已形成由财政部负责制定政策、合营机关提供私营机构的知识和资源、公私营机构合作署（由地方政府拨款成立的机构）向由地方政府协会委任的董事局问责，并为发展公私营机构合作的地方机关提供支持的三级管理机构，三级管理机构共同负责PPP模式运作。

近年来，英国在教育、卫生、环保、交通等诸多领域大力推广PPP融资模式，建立起了一套完善的管理和评价制度。

综合各方报道和专家分析，目前，英国是全球PPP项目规模最大、涉及领域最广的国家，其规模庞大，PPP项目的价值额和数量约占到全球的三分之一，最为典型的项目如全球知名的采用PPP模式建设的希斯罗机场。

英国希斯罗机场是全英国最繁忙的机场之一，在全球众多机场中排行第三，仅次于亚特兰大哈兹菲尔德-杰克逊国际机场和北京首都国际机场。1985年以前机场由英国政府拥有。1985年，英国政府决定对希斯罗机场实行PPP模式运营。

希思罗机场的收入主要由两部分组成：航空收入及非航空收入。航空收入约占总收入的55%，主要包括飞机起降费、飞机停机费、旅客服务费和飞机导航服务费等。非航空收入约占总收入的45%，主要包括零售、停车场和物业等。

希斯罗机场由独立于政府之外的英国机场监管机构——航空管理委员会（CAA）监管。为防止希斯罗机场征收垄断性高价，CAA采用了价格上限定价方法，在平衡机场和航空公司等各方利益的基础上，CAA每5年根据机场的盈利水平重新制定机场的受监管收入。

英国政府对希斯罗机场按照PPP模式改造，既提高了机场运营效率，又盘活了政府存量资产。同时对改造后的机场受监管收入严格控制，防止机场牟取暴利，在保证机场服务质量的基础上，较好地维护了消费者的利益，具有PPP模式的典型特征。

数据显示，1987年～2012年，英国一共批准PPP项目730个，运营金额540亿英镑。

英国PPP项目的第二个特点是合作项目不断向公共服务领域延伸。在大多数国家的PPP模式还只是集中于基础设施领域时，英国再次先行一步，PPP项目的触角已经向公共服务领域扩展，涉及国防、公共秩序、娱乐文化、教育等。2005年以后，这种趋势更加明显。无论从项目投资和数量上看，教育、卫生领域的PPP

项目占比均超过50%。

作为PPP模式的发源地，英国已经建立了一套完善的管理和评价制度。研究英国PPP模式发达的原因，主要有以下几点：

第一，英国成立了专业机构规范管理。为推广和运用PPP模式，英国政府成立了专门的PPP管理机构，并随着形势变化主要经历了4次变革。

一是1992年，英国政府在财政部下设PPP工作组，主要负责PPP相关政策研究制定工作。二是1997年，英国政府成立特别任务组，进一步加强PPP项目管理和交付。三是2000年，英国政府牵头成立英国伙伴关系公司，主要从事PPP项目管理咨询等业务，协助公共部门和私营部门做好PPP项目，为政府公共部门与私人部门搭建了合作平台。四是2010年，在财政部下成立了英国基础设施投资局（IUK），负责制定英国基础设施领域的政策制定，并为项目融资和交付管理提供服务等。

英国形成了三级管理机构，共同负责PPP模式运作。财政部负责制定政策及批准纲领；英国伙伴关系公司向公共部门提供私营机构的专门知识及资源，并协助公共部门落实PPP模式的重要目标；公私营机构合作署（由地方政府拨款成立的机构）向由地方政府协会委任的董事局问责，并为发展公私营机构合作的地方机关提供支持。

2014年12月，财政部政府和社会资本合作（PPP）中心正式获批，主要承担PPP工作的政策研究、咨询培训、信息统计和国际交流等职责。

第二，确立完善的评价制度。英国政府以稳健的商业计划原则，作为公共领域投资的评估决策标准，并针对不同行业的特点制定单独的评估指南，指导项目评估论证工作。

2004年英国财政部公布了《资金价值评估指南》《定量评价用户指南》。《资金价值评估指南》是在与公共、私营部门广泛和深入地讨论之后，财政部设计了项目资金价值最大化的程序框架，作为推动公共部门成本比较的重要方法；《定量评价用户指南》为采购当局的政府部门提供了一个数量分析工具，帮助政府部门通过对项目资金价值的评价，做出相关决策。其中，资金价值评价方法（VFM）通过比较不同方案下的潜在收益，选择能够提供最大资金价值方案。

第三，PPP项目的价格调整机制。为保证PPP项目运营商获得合理的回报，避免获得过高回报，真正实现“物有所值”的理念，英国的PPP模式对价格提出了两种调整机制。

一是基准设定。每年进行一次，承包商将自己的成本或为其提供软服务（如保洁、食堂等）的分包商成本，与市场上提供类似服务的成本进行比较。

二是市场测试。每五年进行一次，承包商针对相关软服务进行再次招标，从而真正达到服务的“物有所值”。

PPP模式的国际经验

研究海外尤其是发达国家在PPP模式发展和应用方面的经验，笔者认为有以下几点值得深思。

第一，完善的法律、政策体系是PPP模式发展的重要保障。要想让PPP模式有效运作，需要清晰、完整和一致性的政策法规，这是发挥PPP优势的必要保证。

发达国家经济法规健全、政策透明度高，PPP项目运作较为规范。目前，已有不少国家对PPP模式专门立法，比如欧洲的英国、法国、葡萄牙、希腊，美国的18个州，以及亚洲的日本、韩国，南美的巴西、阿根廷，等等。

相对于英国、德国等PPP市场发达国家，我国的PPP市场还处于起步阶段，相应的法律法规还不够健全，很容易出现法律政策方面的风险。

第二，政府支持非常重要。在PPP模式下，政府既是特许经营协议的当事方，又为项目运作提供政治和法律环境。因此，政府采用PPP模式应转变管理和调整职能，以适应PPP模式管理的需要。

以英国为例。在融资支持方面，英国政府采取了多种措施为PPP项目提供融资支持。

一是成立养老金投资平台。10只英国主要养老金作为平台的初始投资者。

二是成立保险公司基础设施投资论坛，为英国保险协会成员提供专门途径沟通基础设施政策，增加保险基金的投资机会。

三是吸引、鼓励外资参与基础设施建设。英国基础设施投资局与英国贸易投资署合作，为其提供专门知识，帮助他们与国际开发商、中介机构和监管机构建立联系，吸引外资。

四是提出英国担保计划，为基础设施投资提供担保。2012年，英国通过

《基础设施（金融支持）法案》，在2016年12月31日前，对符合具有国家重要意义、1年内可以开工等标准的项目，由政府提供还款担保，担保规模不超过400亿英镑。

五是提出临时合作贷款。该贷款项目是英国担保计划的一部分，于2012年7月开始，主要帮助PPP项目，由政府联合私营部门按商业条件对项目进行贷款。该项目是2009年英国财政部基础设施融资中心贷款业务的延续，强调按照商业原则运作，当金融市场恢复时，政府部门要及时退出，避免对私人市场的挤出效应。

六是鼓励利用英国绿色投资银行、欧洲投资银行、欧盟2020项目债券计划为基础设施建设提供资金。其中，英国绿色投资银行是由英国政府设立的唯一一家政策性银行，成立于2010年，政府提供40亿英镑作为资本，为海上风电、废物处理等绿色项目提供债权和股权融资。

通过各种有力的融资支持手段，英国的PPP获得了长足的发展。

第三，专业化机构和人才是支撑。PPP模式的运作涉及管理、建设、融资等多个领域，需要比较复杂的法律、金融和财务等方面的知识，这样才能处理运作PPP项目中遇到的各种问题和风险，克服其中的困难和障碍。无论对政府还是社会资本，都需要专业化机制和人才队伍作为支撑。

采用PPP模式，需要长时间评估，进行复杂的合同谈判，实现合理的风险分担，并实行有效监管来防微杜渐。这是一项系统且复杂的工作，需要政府成立专业机构推进PPP模式。

如本章所述，2000年，英国政府成立了合作伙伴关系组织，推广PPP/PFI理念，为PPP交易提供程序和管理上的技术援助。英国政府还把合作伙伴关系组织与财政部的PPP政策小组合并，创立了“英国基础设施投资局”（IUK）。IUK是作为英国财政部的基础设施融资机构，为中央政府部委以及其他公共实体提供各领域PPP的技术援助，负责执行全国的基础设施发展战略，为社会资本投资于基础设施部门，提供各种便利。在地方政府，2009年英财政部与地方政府协会联合成立了一个PPP单位，即“地方合作伙伴关系”，主要为地方政府提供PPP项目技术援助和评估服务。

2000年，澳大利亚维多利亚州建立了地方性的PPP单位。2008年，澳大利亚创立全国层次的PPP单位，即澳基础设施（Infrastructure Australia，简称IAU）。IAU面向基础设施领域，负责全国各级政府基础设施建设需求和政策。IAU核心职能是推广PPP，同时承担其他一些工作。2008年，IAU与澳大利亚全国PPP论坛创造了一个全国性的PPP政策框架和标准，要求各级政府所有成本超过5000万澳元的项目，必须把PPP作为备选模式。

2003年以来，美国已有7个州建立了PPP单位，主要功能是制定政策和业务咨询，促进美国PPP的发展。美国一些学者建议尽快成立联邦一级的PPP单位，提高美国PPP的应用和发展能力。

2009年，欧盟整合欧洲投资银行、欧盟委员会以及欧盟成员国和候选国的力量，成立了欧洲PPP专家中心（European PPP Expertise Centre，简称EPEC）。EPEC拥有37个成员，汇集了欧洲PPP领域的高级专家，致力于分享PPP领域的经验，应对新挑战，为欧盟公共部门运用PPP提供技术援助。

第四，必要的激励机制。在PPP合同中确定激励机制，较好地避免了传统公共项目建设的不足，比如超期与超支等问题。

政府确定支付机制，促使社会资本按时完工并且不超支。在项目建成和提供服务前，公共部门不会支付相关费用。社会资本唯有提供符合要求的产品或服务，公共部门才会支付。如果社会资本提供的产品或服务达到或者超过合同规定的标准，公共部门可以追加一定比例的支付，以示奖励。反之，如果社会资本提供的产品或服务不符合PPP合同要求，政府公共部门将惩罚社会资本，比如削减支付额。或直接接管项目，或再进行招标。

必要的奖惩机制能刺激社会资本提供符合要求的产品或服务。

英国财政部曾对运行的500多个PPP项目进行调查。数据显示，当项目提供的服务不能满足合同要求的标准而受到支付削减的惩罚后，几乎所有受惩罚的项目随后提供的服务都达到了合同要求，72%的受惩罚项目甚至在受罚后，提供比合同要求更好的服务。

第五，合理分担风险至关重要。PPP项目投资工期长、金额大，不确定因素多，无论由公共部门还是社会资本单独承担风险，都对项目实施不利。为保证PPP项目的成功实施，必须在公共部门和社会资本之间合理分担风险。

风险和收益要匹配，才能将各个项目参与者持续地拴在一起。如果投资者承担了其无法承担的风险，就会缺乏控制能力。如果风险过多集中于某一方，一旦风险发生，承担过重方将无力承担风险，从而导致整个项目的失败，这是政府和社会资本方都不愿看到的。

提高中国PPP软实力

研究发现，无论是欧洲的英国，还是亚洲的日本，其PPP模式获得长足的发展，都有着深刻的经济发展背景。

以中国的近邻日本为例，PPP模式之所以在日本得到大力推广，有着重要的经济背景：一是中央、地方政府财政困难，税收锐减，国债及地方债的数额逐渐膨胀；二是公共设施及公共服务品质逐渐下降。

这一特点与当下中国的经济状况有类似之处。

改革开放以来，我国基础设施建设取得了巨大进展，地方政府一直是基建投资的主力军，过去由地方政府主导的基建投资曾经发挥了经济增长的引擎作用。但受国家财政资金的压力，基础设施建设资金不足已成为制约我国基础设施建设进一步发展的“瓶颈”。尤其是我国进入经济发展的“新常态”后更是如此。

2014年10月2日国务院发布了《国务院关于加强地方政府性债务管理的意见》（简称“43号文”），明确指出首要目标为治理政府性债务。“43号文”对地方债务开启了严监管模式，使地方政府融资能力大幅受限。

可以说，财政收入增速下滑，土地出让金锐减，以及“43号文”约束地方政府举债，使得地方政府自身财力已无力支撑基建投资庞大的资金需求。在此背景下，引入社会资本参与基础设施建设，成为新常态下的必然选择。目前，引入民间资本，发挥民间资本在基础领域的作用，已成为理论界和实践界的共识。

换句话说，PPP模式在中国面临着重要的发展机遇。

他山之石，可以攻玉。通过横向比较，经过多年的探索，PPP模式在资金、技术、风险共担以及推动经济发展等方面的优势越发凸显，日益受到发达国家的重视。而发达国家在PPP模式方面的发展情况和运作机制，对我国有着重要的借鉴意义。

从国外发达国家的成熟经验看，我国需要在以下方面学习借鉴发达国家的成功经验，以提高我国PPP方面的软实力。

第一，建立健全的PPP模式制度体系。作为一种长期合作关系，PPP模式发展需要完备的制度体系。

英国是世界上较早开发并使用PPP模式的国家，有着丰富的实践经验和理论制度储备。从英国做法看，我国在基础设施及公共服务领域推广运用PPP模式，要在机构设置、政策保障、技术支持、公共监管等方面做好制度设计，并在实践中不断进行提炼和总结，形成一套有效促进PPP发展的制度体系。

在我国，目前PPP模式仍处于探索和发展阶段，尚未有一部国家层级的PPP法律，现行与PPP相关的法规政策多为部门规章或者地方性法规，主要采用的是国家部委发“通知”制定“政策”的方式来规范PPP项目运营，且国务院各主管部门在各自管理范围内做出的规定，大多仅适用于某个行业，缺乏全局性和系统性。其法律效力较低，权威性不足，部分文件之间甚至相互矛盾。难以有效衔接。迫切需要通过立法，保证PPP项目的各方利益不受损害。

因此，我国需要学习英国的管理经验，出台国家级的法律、法规、政策来促进和规范PPP的发展。

当务之急，是梳理出PPP运用所必需的制度和体制框架，消除障碍，明确规则，逐步构建适宜的制度环境和法律保障。未来应统一PPP监管部门，健全相关法律法规，完善实施环境。

根据2011年亚洲开发银行一份对亚太地区15个国家及英国的PPP制度环境成熟度的评估报告，中国综合得分49.8分，排在本地区的韩国（71.3分）、印度（64.8分）和日本（63.7分）之后，与国际上PPP应用成熟的国家，如澳大利亚（92.3分）和英国（89.7分）更有不小的差距。

第二，政府部门大力支持。政府需要从保护和促进公共利益的立场出发，负责项目的总体策划、组织招标，降低项目总体风险等。地方财政部门要紧密结合实际，积极推动构建有利于鼓励和引导社会资本参与PPP项目建设的制度环境，调动社会资本的积极性。

在英国推广运用PPP模式的诸多经验中，重要的一点便是政府加强组织保障，包括政府鼎力支持、财政部设立PPP管理机构及建立跨部门协调机制。创新运用金融工具，设立引导基金、政府担保等金融工具等。提供全方位技术支持，包括在人员培训、业务咨询、标准化合同、采购管理等全方位的技术服务和支持。

笔者在实践中了解到，目前，国家相关部委已经对各地方政府进行了人员、技术、管理等方方面面的培训，起到了非常理想的效果。

第三，提高PPP研究实力。对PPP模式的研究水平是一个国家PPP软实力的重要表现。

研究发现，在一些PPP比较发达的国家，均对基础设施和公共服务领域的研究相当重视，而且拥有丰富的研究成果和一大批有影响的智库机构和学者。

以日本为例。在日本，有着比较系统的PPP机构，如PPP推进委员会、PPP协会、东洋大学PPP研究中心、亚洲PPP政策研究会、地方自治体公私合作研究会，等等，这些机构和组织对政府有关机构提供政策建议。

专家建议，在增强中国PPP软实力方面，我国学术界对这些领域的关注较少，研究成果也较单薄。一是加快我国PPP模式的研究，形成PPP产学研一体化的智库体系。二是完善中央和地方的PPP政策体制框架。政策体制框架主要指政府层面各相关部门的职责和作用，包括政策研究制定、响应实施和评估反馈。三是建立我国PPP咨询服务的市场体系。PPP需要一大批高质量的建筑设计、技术咨询、财务会计、法律事务、金融服务和专业管理方面的咨询服务企业。

通过完善的PPP咨询服务的市场体系，加快相关培训，扩大市场参与主体。

研究发现，目前在全国各地推出的PPP项目中，投资规模从几千万元、上亿元乃到上百亿元。投资规模呈现领域多、规模大小不一等特点。不过，对投资额较大的项目，一般都由大型央企与上市企业参与。一些规模相对较小的项目，存在央企不愿做、上市公司看不上、中小企业有意参与却不知怎么操作的窘境，其不熟悉PPP模式或缺乏相关技术。

因此，各地政府可组织专家对有意向参与的企业进行培训，扩大市场参与主体，消除中小企业有意向却未能参与的问题。

笔者了解到，在PPP模式大发展的背景下，近年来我国各类PPP机构纷纷成立。如财政部政府和社会资本合作（PPP）中心主要承担PPP工作的政策研究、咨询培训、信息统计和国际交流等职责。“中国PPP研究院”由财政部下属中财嘉丞集团联合国家信息中心、中国政策科学研究会、中国财政学会PPP专业委员会、中国基本建设优化研究会、中国开发性金融促进会共同打造。此外，针对PPP模式的推广，国内已经有一批专业的PPP咨询机构，对PPP模式在我国的大力推广起到了重要的推动作用。

综合各方因素，可以肯定的是，未来PPP将成为主流模式，在完善法律法规体系、加强政府引导的同时，一定要加强对PPP人才的培养，增强我国在PPP方面的软实力，为PPP模式在我国的大力推广打下坚实的基础。